BusinessVillage

GEFÜHLE

Patrizia Patz

Emotional gesund in einer rationalen Welt

BusinessVillage

Impressum

Patrizia Patz
Gefühle
Emotional gesund in einer rationalen Welt
3. Auflage 2025

Bestellnummern
ISBN 978-3-86980-495-8 (Druckausgabe)
ISBN 978-3-86980-496-5 (E-Book, PDF)
ISBN 978-3-86980-510-8 (E-Book, EPUB)

Direktbezug unter www.businessvillage.de

Bezugs- und Verlagsanschrift
BusinessVillage GmbH
Reinhäuser Landstraße 22
37083 Göttingen
Telefon: +49 (0)5 51 20 99–1 00
E-Mail: info@businessvillage.de
Web: www.businessvillage.de

Layout und Satz
Sabine Kempke

Autorenfoto
picture people München, https://picturepeople.de

Druck und Bindung
www.booksfactory.de

Inhalt

Danke

In meinem ersten Buch *Edgeworker*, das ich 2015 geschrieben habe, gab es eine lange Liste mit Personen, denen ich im Zusammenhang mit der Erstellung des Buches gedankt habe. Und damals habe ich doch glatt eine Person vergessen. Eine Person, die vielleicht nicht aktiv an der Entstehung des Buches mitgewirkt hat, aber dennoch unglaublich wichtig für mich war und mich die ganze Zeit im Hintergrund leise unterstützt hat.

Das passiert mir nicht noch mal!
Ich widme dieses Buch daher meinem Mann und besten Freund, Eric. Danke, dass du an mich glaubst, egal welche verrückte Idee ich gerade mal wieder verfolge. Danke für dein kritisches Auge, dein klares Feedback und deine Unterstützung, auf die ich zählen kann, egal was passiert. Danke für deine unerschütterliche Liebe. Um es mit Bette Midler zu sagen: »You are the wind beneath my wings.«

Über die Autorin

Patrizia Patz ist die evolutionäre Krustensprengerin. Als Profi-Trainerin und Coach begleitet sie seit 2002 ihre Kunden über die Grenzen ihrer Konditionierung hinaus zu mehr Möglichkeiten und authentischer Lebendigkeit. Privatpersonen unterstützt sie dabei, ursprünglich angelegte Potenziale freizusetzen und im eigenen Leben nutzbar zu machen. Organisationen und Unternehmen hilft sie mit ihrer Erfahrung und einem Werkzeugkoffer voll ungewöhnlicher Soft Skills dabei, neue Formen der Zusammenarbeit jenseits der bekannten hierarchischen Strukturen zu entdecken und das Thema »New Work« individuell und alltagstauglich umzusetzen. Mit ihrem ungewöhnlichen Hintergrund als Diplom-Betriebswirtin und Heilpraktikerin hat sie sich in ihrer Arbeit auf die Verbindung von Emotion und Ratio spezialisiert, sodass ihre Kunden neben wirksamen Lösungen auch die Kraft ihrer Gefühle zurückgewinnen.

Kontakt

E-Mail: post@patriziapatz.de
Web: www.patriziapatz.de

Ich schreibe einfach los …

Ich weiß nicht, wie das bei dir war, aber während meiner gesamten Schulzeit gab es kein Fach, in dem ich etwas über Gefühle erfuhr oder darüber, wie man mit Gefühlen umgeht. Genau wie du hatte ich Mathe und lernte, wie man die Wahrscheinlichkeit der Anzahl von Rosinen in einem Rosinenbrötchen berechnet. In Physik lernte ich zwar ziemlich viel darüber, wie die Welt funktioniert, aber Gefühle? Fehlanzeige! In Biologie brachte man mir bei, dass Gefühle von der Ausschüttung bestimmter Hormone abhängig seien und dass ein bestimmter Bereich in unserem Gehirn aktiviert würde, wenn wir etwas fühlen. Okay, da kamen wir der Sache schon näher. Das war zwar interessant, aber eine sehr mechanische Erklärung für diese doch teilweise sehr aufwühlende Sache namens *Gefühle*. Im Deutschunterricht kamen zuweilen auch Gefühle vor. Wenn wir Lyrik lasen oder die Romantiker, war die Rede von Leidenschaft und Schmerz, von Liebe und Ergriffenheit, von tiefen Empfindungen und den üblichen Gefühlsverwirrungen. Allerdings lieferten diese Schriften mir nur den Beweis dafür, dass wir alle Gefühle haben, aber dass auch diese genialen Schriftsteller keinen Deut mehr Ahnung vom Umgang mit ihnen hatten. Ihre Gedichte und Romane waren einfach ihre persönliche Art, Gefühle zu verarbeiten und auszudrücken. Ich versuchte es sogar selbst mal mit dem Schreiben von Gedichten, was mir durchaus durch die chaotische Zeit brodelnder Gefühle während meiner Pubertät half. Doch Klarheit entstand auch dadurch nicht.

Nach der Schule ging ich als brave Tochter dann zur Universität und studierte Betriebswirtschaftslehre. Als ich fertig war, war ich sechsundzwanzig Jahre alt, eine diplomierte Akademikerin und alles, was ich bis zu diesem Zeitpunkt über Gefühle wusste, stammte zum einen von meinen Eltern und zum anderen aus der eigenen Erfahrung, die ich im Laufe meines jungen Lebens im Umgang mit diesen mal überwältigend schönen, mal überfordernd schmerzhaften Regungen in mir gemacht hatte. Und ich dachte bis dahin auch, dies sei normal – Gefühle eben. Besser gesagt, ich dachte überhaupt nicht über dieses Thema nach, sondern nahm es einfach als gegeben hin. Tja, und ich wette, meine Eltern hatten ebenso wie ich in ihrem ganzen Leben keine einzige Unterrichtsstunde in Sachen Gefühle erhalten. Als mir das bewusst wurde, war ich ziemlich schockiert. Offensichtlich sind wir alle – *alle* – Analphabeten! In Bezug auf das Thema Gefühle benutzen wir sehr, sehr altes und überholtes Wissen, das von Generation zu Generation an uns weitergereicht wurde. Und es gab zwischendrin kein Update auf die neueste Version! Das ist ungefähr so, als würden wir heute auf diesen wunderbaren High-Definition-Flachbildfernsehern die Uraltversion des Telespiels *Tennis* spielen (ein Hinweis an die jüngere Generation: keine Angst, du hast in dieser Hinsicht nichts versäumt). Dunkler Bildschirm, das Ganze höchst eindimensional und in schwarz-weiß, die Tennisschläger zwei senkrechte Striche und der Ball ein viereckiger kleiner Punkt, der entweder in Schneckengeschwindigkeit oder rasend schnell über das ebenfalls als senkrechter Strich dargestellte Netz flog. In Spielgeschwindigkeit eins konnte man sich einen Kaffee holen, zwei Stücke Kuchen verputzen und sich noch die Schuhe zubinden und dann den Ball trotzdem noch rechtzeitig ins andere Feld retournieren. Stell dir das einmal vor – wer hätte heute noch Spaß daran? Wir – und damit meine ich meine Generation der Siebziger – haben Stunden damit verbracht. Und wahrscheinlich ist dieser Vergleich immer noch höchst untertrieben, denn unsere Gefühlssoftware ist noch viel, viel älter – unvorstellbar alt. Wahrscheinlich hast du dir deswegen dieses Buch gekauft – eine Art lange überfälliges Software-Update für dein persönliches Gefühlsprogramm. Windows 10 statt Methusalix 1.0.

Habe ich es schon erwähnt? Wir sind alle Analphabeten – *alle*! Mit »alle« meine ich auch uns Frauen. Ja meine Lieben, ich weiß, es tut weh, wenn einem der Glaube an den Weihnachtsmann genommen wird, aber dass Frauen besser mit Gefühlen umgehen können als Männer, ist ein Mythos, eine Legende, ein Irrglaube. Im Gegensatz dazu soll es Sankt Nikolaus wirklich gegeben haben. Aber zu den vielen Mythen, die sich um das Thema Gefühle ranken, komme ich später noch. Ja, wir Frauen gelten als das emotionalere Geschlecht und werden deshalb verdächtigt, besser mit Gefühlen umgehen zu können als Männer. Es gab in meinem Leben als Frau aber niemals einen Geheimkurs »Nur für Mädchen«, in dem uns das magische Wissen über den Umgang mit Gefühlen beigebracht wurde. Es sei denn, ich war die Einzige, die nicht dazu eingeladen wurde. Was ich aber für unwahrscheinlich halte, da ich als Kind ein wenig wie Hermine Granger aus den Harry-Potter-Büchern war, ein beliebter Streber, der keine Schulstunde ausließ. Ich hätte bestimmt eine Einladung zu diesem Kurs erhalten. Aber es gab keinen!

Ich selbst musste sechsunddreißig Jahre alt werden, bis ich in einem Workshop das erste Stückchen Klarheit über das Thema erlangte. Und das obwohl ich zwischenzeitlich eine komplette Heilpraktiker-Ausbildung genossen hatte, in der auch Psychologie ein großes Thema war, sowie eine Ausbildung zum Kommunikationstrainer. Aber bereits dieses kleine Stückchen war wie eine Offenbarung! Ich gebe zu, das hört sich ein wenig übertrieben an, aber ehrlich: mein Mund stand offen vor Verblüffung! In diesem Moment wurde mir überhaupt erst klar, dass ich gar nichts über Gefühle und wie man mit ihnen umgeht wusste. Ich bekam in dem Workshop eine Landkarte in die Hände, um mich in dieser für mich neuen Welt zurechtzufinden. Und dann ging es los. Gemeinsam mit den anderen Teilnehmern lernte ich durch Übungen, Experimente und Training, die ersten Schritte in dieser neuen Welt zu gehen – Babyschritte. Denn Klarheit ist eine Sache, aber Klarheit ohne Ausprobieren und neues Verhalten zu trainieren ist nutzlos. Es bringt nichts, eine neue Landkarte zu besitzen und sich vorzustellen, wie das Land wohl aussieht, wie es dort riecht, wie die Menschen dort wohl sein mögen. Man muss das Land auch bereisen. Und ich kann dir sagen, auf bewusste Art das Land der Gefühle zu bereisen, ist ein echtes Abenteuer und kann es mit jeder Wildtiersafari in den Savannen Afrikas aufnehmen!

Das war 2005. Seitdem mache ich regelmäßig weitere Schritte, wage mich immer tiefer in den Dschungel und erkunde das Land ausführlich. Mittlerweile bin ich auch als Reiseleiter dort unterwegs, um andere in die Welt der Gefühle einzuführen. In unzähligen Resilienz- und Persönlichkeitsentwicklungstrainings begleite ich immer mehr Menschen dabei, diese ihnen innewohnende Kraft, welche in authentischen Gefühlen steckt, wieder für sich nutzbar zu machen. Und trotzdem würde ich mich immer noch als eine fortgeschrittene Anfängerin bezeichnen, die auf dem besten Weg zum Profi ist. Ich bin zwar kein Analphabet mehr in Sachen Gefühle, aber eben nichts weiter, als eine fünfzigjährige Abiturientin, die Erstklässlern Nachhilfe gibt. Trotzdem hat sich mein Leben bereits so sehr verändert und ist um so vieles reicher geworden, dass ich mich entschlossen habe, dieses Buch zu schreiben. Sogar hier! Ich liege gerade an einem wunderschönen Strand in der Toskana. Die Sonne scheint mir auf den

Bauch, ich habe Sand zwischen den Fingern und trotzdem kann ich mir nichts Besseres vorstellen, als mit dem Schreiben anzufangen, damit auch dein Leben sich verändern kann. Vorausgesetzt natürlich, du willst, dass sich dein Leben verändert. Aber hättest du sonst dieses Buch gekauft? Vielleicht sagst du: »Erst mal muss ich wissen, was ich bekomme, um zu entscheiden, ob ich mein Leben verändern will. Ich kaufe doch nicht die Katze im Sack. Was hat sich denn so verändert? Worauf darf ich hoffen?«

Alles. Alles in meinem Leben hat sich seitdem verändert und kein Stein liegt mehr auf dem anderen. Allerdings kann ich nur schwer sagen, ob das allein darauf zurückzuführen ist, dass ich gelernt habe, meine Gefühle zu nutzen. Ich glaube, das ist nur ein Teil eines tiefen Entwicklungsweges, der dadurch bei mir angestoßen wurde. Aber was ich mit Gewissheit sagen kann, ist, dass mein Leben lebendiger geworden ist, reicher. Der Zugang zur Welt der Gefühle ist wie das Anschließen an eine unerschöpfliche Quelle von Kraft. Als würde man den Stecker in die Steckdose stecken. Krisen und vermeintlich schwierige Situationen werfen mich nicht mehr so einfach um, obwohl ich offen und berührbar bleibe. Menschen, die mich lange kennen, sagen, von mir würde jetzt eine Kraft ausgehen, der man sich nur schwer entziehen kann. Ich würde eine innere Stärke ausstrahlen, ohne hart zu wirken. Und ich selbst merke, dass ich authentischer geworden bin, offener. Und das Beste: in den Momenten, in denen ich auf erwachsene Weise mit meinen Gefühlen umgehe, entsteht eine ungeahnte Intensität und Nähe in meinen Beziehungen, egal ob es sich um Freundschaften, Geschäftsbeziehungen oder meine Liebesbeziehung handelt.

Doch die Kraft des bewussten Fühlens geht noch weit darüber hinaus. Die immer schnelleren Veränderungen in unserer modernen Welt, die Flut an Informationen, die auf uns einprasselt, und die voranschreitende Digitalisierung führen dazu, dass immer mehr Menschen an den Rand ihrer psychischen Widerstandskraft kommen. Stress, Angstzustände und Depressionen bis hin zum Burn-out-Syndrom sind bereits an der Tagesordnung. Die Auftragsbücher von Psychotherapeuten sind gefüllt und viele Patienten warten geduldig auf ihren Therapieplatz. Dabei könnte vielen Menschen geholfen werden, indem sie wieder Zugang zu ihren natürlichen Kraftressourcen bekommen. Dieses Wissen ist in unserer modernen westlichen Kultur, die so technik- und verstandesorientiert ist, nahezu unbekannt. Auch in der klassischen Psychotherapie werden Gefühle und Emotionen eher als Störfaktor angesehen und oftmals mit Psychopharmaka unterdrückt. Dabei sind Gefühle nicht das Problem, sondern die Lösung. Sowohl in meinen Trainings als auch in meinen Einzelcoachings habe ich bereits unzählige Male erlebt, wie Menschen, die eine Zeit lang regelmäßig Gefühlsarbeit gemacht haben, ganz automatisch aus Depressionen, Angstzuständen und sogar aus dem Burn-out aussteigen konnten und jetzt ein normales, glückliches und lebendiges Leben führen.

Dieses Buch soll dir genauso wie mir damals Klarheit über Gefühle bringen und dir durch kleine Experimente, zu denen ich dich einlade, deine ersten Schritte in unbekanntes Territorium ermöglichen. Deshalb solltest du zuerst die möglichen Nebenwirkungen kennen, die auftreten können, bevor du dich entscheidest, ob du weiterlesen willst. Klarheit ist an sich etwas Wunderbares. Klarheit schafft Möglichkeiten und gibt dir die Kraft, um Entscheidungen zu treffen. Allerdings ist Klarheit eine Art Einbahnstraße. Hast du einmal Klarheit über etwas erhalten, kannst du diese Klarheit nicht mehr zurückgeben. Na ja, das stimmt nicht ganz. Um ehrlich zu sein, haben wir Menschen einen etwas paradoxen Mechanismus entwickelt, der uns aus der Klarheit wieder zurück in die Verwirrung bringt. Psychologen nennen das Verdrängung. Deshalb Vorsicht: Was du einmal ans Licht gezerrt hast, kannst du nicht mehr so einfach wieder im Dunkeln verschwinden lassen.

Eine weitere Nebenwirkung von Klarheit ist Verantwortung. Ja, du hast richtig gelesen! Ver-aaaant-woooor-tung, welch garstig' Wort für viele Menschen! Was soll Klarheit mit Verantwortung zu tun haben, fragst du dich jetzt vielleicht? Ganz einfach: Du wirst in Bezug auf Gefühle zukünftig nicht mehr die Ausrede haben »Oh, entschuldige, das habe ich nicht gewusst«. Wenn du mehr weißt, hast du auch die Verantwortung, entsprechend diesem Wissen zu handeln. Das ist der Unterschied zwischen Fahrlässigkeit und Vorsatz. Also, wenn du diese Ausrede liebst, solltest du dir überlegen, ob du wirklich weiterlesen willst.

Und es gibt noch eine Kleinigkeit, vor der ich dich warnen möchte. Du weißt ja, alles Gute hat seinen Preis! (Ich bin echt gespannt, ob irgendjemand nach dieser Litanei von möglichen Nebenwirkungen das Buch noch lesen wird. Aber lies einfach mal den Beipackzettel eines Antibiotikums; dagegen ist das hier ein Kinderteller.) Ich meine damit nicht den Preis, den du für das Buch bezahlt hast, der kommt noch obendrauf. In dir – und nicht nur in dir, sondern in uns allen – stecken eine Menge uralter Emotionen, die du mangels Wissen, Fähigkeit und auch mangels Erlaubnis, diese auszudrücken, unterdrückt und über einen langen Zeitraum – je nachdem wie alt du heute bist – sorgsam weggepackt hast, an einem bestimmten Ort in deinem Körper. Fest verschlossen mit einem dicht abschließenden Deckel, versehen mit einem Totenkopfsymbol und der Aufschrift »Danger – do not open!« und einem kleinen Ventil, damit, sollte der emotionale Druck mal zu groß werden, zumindest der Überdruck entweichen kann. Ansonsten wird an diesem Deckel lange Jahre nicht gerührt, außer du gerätst in eine Lebenskrise. Dann kann es sein, dass es plopp macht und eine überwältigend große Menge an Gefühlen und Emotionen auf einmal frei wird und dir schwer zu schaffen macht, da du ja immer noch nicht gelernt hast, damit umzugehen. Schon gar nicht mit einer so großen Menge. Was ich damit sagen will: Je weiter du in diesem Buch liest und je mehr Schritte du in das unbekannte Territorium der Gefühle machst, desto mehr wirst du in die Lage versetzt, zu fühlen, und desto wahrscheinlicher ist es, dass auch alte, unterdrückte Gefühle an die Oberfläche kommen. Darüber brauchst du dir zwar keine Sorgen machen, aber du solltest wissen, dass es passieren kann.

Wenn du dich jetzt entscheidest, weiterzulesen, dann tust du das auf eigene Gefahr! Wie du übrigens ab dem Alter von achtzehn Jahren alles im Leben auf eigene Gefahr tust, auch wenn du dir vielleicht manchmal gerne einredest, dass es nicht so ist. – Hier noch ein paar Gebrauchshinweise, wenn du dich dafür entschieden hast, weiterzulesen: Nimm nicht alles einfach hin, was ich schreibe. Nur weil es schwarz auf weiß zwischen zwei Buchdeckeln gedruckt steht, heißt das noch nicht, dass es tatsächlich so ist. Prüfe das Geschriebene für dich, vergleiche es mit deinen Erfahrungen und gehe mit gesundem Menschenverstand und offenem Herzen an die Sache heran. Ich durfte die Erfahrung machen, dass jedes Wissen sich weiterentwickelt, und auch das in diesem Buch enthaltene Wissen wird zu keinem Zeitpunkt der

Weisheit letzter Schluss sein. Wenn du schneller vorankommen willst, an einem bestimmten Punkt nicht weiterkommst oder bereits Symptome wie Stress, Depression oder Burn-out entwickelt hast, kann es sinnvoll sein, eine Zeit lang regelmäßig Gefühlsarbeit zu machen. Adressen von Menschen und Gruppen, die diese Arbeit anbieten, findest du am Ende des Buches.

Und noch etwas: Das in diesem Buch enthaltene Wissen stammt nicht allein von mir. Der Inhalt und die Erkenntnisse dieses Buches basieren maßgeblich auf dem Kontext von Possibility Management, der ursprünglich von Clinton Callahan ins Leben gerufen wurde (Callahan 2016). Possibility Management ist dabei keine Methode oder Strategie. Es handelt sich vielmehr um innovative Soft Skills, Fertigkeiten und Unterscheidungen, die dich in die Lage versetzen, dein Potenzial freizusetzen und dadurch neue, ungewöhnliche Möglichkeiten für dich selbst und dein Umfeld zu erschaffen. Neben vielen neuen Unterscheidungen enthält es zudem Aspekte von unterschiedlichen bekannten Forschern auf dem Gebiet der Gefühle, der Selbstentfaltung und der Psychologie, wie beispielsweise der Transaktionsanalyse von Eric Berne (2002). Possibility Management ist ein Lernfeuerwerk, welches dir ermöglicht, nachhaltige Veränderungen in deinem Leben zu vollziehen, um dein authentisches Potenzial zu leben.

So, und jetzt geht es endlich los. Es wird Zeit, den Schleier zu lüften und mit den bekanntesten Mythen in Bezug auf das Thema Gefühle aufzuräumen. Bist du bereit, den Glauben an den Osterhasen aufzugeben?

Mythos Nr. 1:
Es gibt emotionale Menschen sowie rationale Menschen; Frauen können besser mit Gefühlen umgehen als Männer

Der Mythos vom rationalen und emotionalen Menschen hat seinen Ursprung zum Teil darin, dass wir in unserer westlichen modernen Kultur ein Ein-Körper-Modell benutzen. Ein Körper, welcher unter anderem aus Muskeln, Knochen, Organen und Blutgefäßen besteht, inklusive eines Gehirns, das denkt und alles steuert. »Und?«, wirst du jetzt vielleicht sagen. »Wir haben doch auch einen Körper – also, worin liegt da das Problem?« Das Problem ist, dass dieses Ein-Körper-Modell sehr undifferenziert ist, und damit keine Unterscheidungsmöglichkeit zwischen den unterschiedlichen Empfindungen zur Verfügung stellt, die wir Menschen so tagtäglich erleben. Es führt in der Regel zu großer Verwirrung und Vermischung, insbesondere in Bezug auf das Thema Gefühle.

Eine schon etwas differenziertere Betrachtung liefert das dreigeteilte Modell: Körper, Geist und Seele. Wobei mir persönlich auch hier die Abgrenzung bisher noch nie so richtig klar geworden ist. Sicherlich hast du davon auch schon einmal gehört. Da verspricht zum Beispiel ein Wellnessurlaub Entspannung für Körper, Geist und Seele und ich habe so eine Ahnung, was damit gemeint sein könnte, nämlich Entspannung auf ganzer Linie, für mein komplettes System. Oder wie würdest du das interpretieren? Dabei kann ich den Unterschied zwischen Geist und Seele aber nicht ganz eindeutig greifen, weil die Begriffe in unserem Sprachgebrauch mit unterschiedlichen Bedeutungen belegt sind. Ist mit »Seele« der unsterbliche Teil in uns gemeint, der übrig bleibt, wenn wir unsere sterbliche Hülle irgendwann verlassen, im Sinne von Seelenwanderung? Wir sagen ja am Grab von geliebten Menschen auch: »Gott möge seiner Seele gnädig sein«. Auf der anderen Seite sagen wir aber umgangssprachlich, wir gehen zum Seelenklempner, wenn wir emotionale Probleme haben, und meinen damit den Psychologen. Sich etwas von der Seele zu reden, heißt in unserem Sprachgebrauch, sich emotional Luft zu machen. Seele wird in diesem Zusammenhang auch häufig mit Psyche gleichgesetzt. Also, entspricht die Seele in diesem Sinne unserer Gefühlswelt? Und was soll dann der Geist sein? Ist hier unser Intellekt, unser Verstand gemeint oder ist der Geist und nicht die Seele der unsterbliche Teil in uns, der nach unserem Tod vielleicht noch als spürbare Energie herumgeistert? Spätestens an dieser Stelle habe ich früher meine Überlegungen eingestellt, mir einen leckeren Cappuccino gemacht und mich damit zufriedengegeben, lediglich zu erahnen, was damit gemeint sein könnte. Was blieb, war weiterhin die Verwirrung in Bezug auf Gefühle. Geht es dir vielleicht ähnlich? Oder hast du einfach noch nicht näher darüber nachgedacht?

Als viel nützlicher und sehr viel klarer hat sich für mich das Vier-Körper-Modell erwiesen. Ich sehe schon deine Augenbrauen in die Höhe schnellen und höre dich innerlich sagen: »Was? Vier Körper? Na, das fängt ja schon mal gut an!« Ja, genau. Könntest du dich mit der Idee anfreunden, dass du vier Körper statt nur einen besitzt? Ich verspreche dir, die ganze Materie wird durch diese Unterscheidung nicht komplizierter, sondern wirklich einfacher. Dazu noch eine kleine Anmerkung: Es gibt spirituelle Disziplinen, die mit einem noch weiter differenzierten Modell mit sieben, zwölf oder noch mehr Körpern arbeiten – da sind vier Körper doch wohl wirklich übersichtlich! Mir persönlich fiel es ziemlich leicht, mich daran zu gewöhnen, als ich das Modell das erste Mal sah, weil ich es als viel logischer und nachvollziehbarer empfand und es mir jede Menge ungeklärter Fragen beantwortete. Und neue Perspektiven liefern automatisch auch neue Möglichkeiten. Wie würde es also aussehen, wenn wir statt einem

Körper tatsächlich vier Körper besäßen – vier Schichten, die übereinanderliegen und ineinandergreifen, während jeder Körper seine eigene Ausdrucksform, seine Nahrung, seine Ekstase und seinen eigenen Schmerz hat?

Die vier Körper

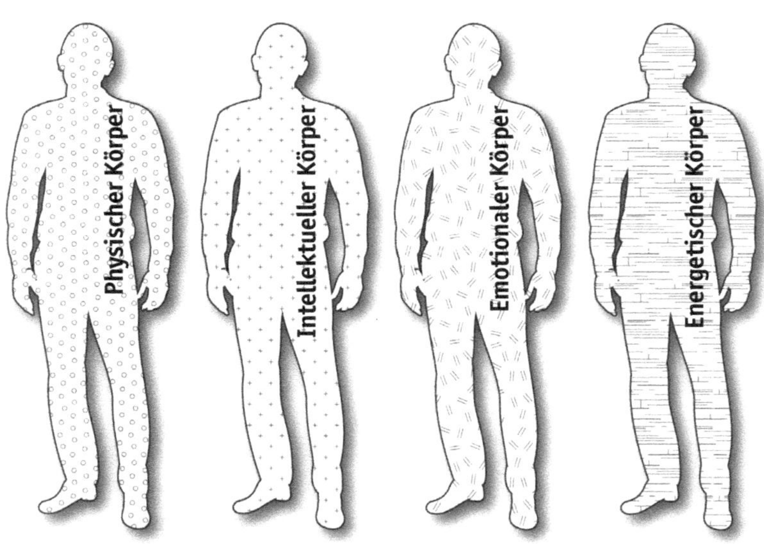

Zwei dieser Körper sind uns in unserer Kultur sehr vertraut, nämlich der physische Körper und der intellektuelle Körper. Diese beiden Körper entsprechen zusammengefasst dem vorher beschriebenen Ein-Körper-Modell. Du erinnerst dich? Ein Körper mit einem Gehirn, das denkt und alles lenkt.

Der physische Körper

Der physische Körper entspricht im Vier-Körper-Modell deinem sichtbaren Körper mit seinen Muskeln, Knochen, Blutgefäßen, Organen und all den anderen Strukturen. Dein physischer Körper hat physische Körperfunktionen, wie Verdauung, Atmung oder Stoffwechsel, und er hat Empfindungen und Sinneswahrnehmungen. Wenn du dir den großen Zeh am Tischbein anstößt, dann empfindet dein physischer Körper Schmerz, oder wenn du dir den Rücken verrenkt hast oder ein Kind zur Welt bringst. Physische Ekstase empfindest du vielleicht bei einem leckeren Essen oder wenn du nach einem langen Winter das erste Mal wieder die warme Frühlingssonne auf deiner Haut spürst. Oder natürlich beim Sex – zumindest, wenn er gut ist. Physische Nahrung besteht aus all den Dingen, die du physisch zu dir nimmst, also alles, was du isst und trinkst, aber auch aus Berührungen und physischer Nähe, oder wenn du dich eincremst oder eine Massage bekommst. Deine physischen Muskeln trainierst und stärkst du mit Sport und jeder Art von koordinierter (oder auch unkoordinierter) Bewegung.

Der intellektuelle Körper

Der intellektuelle oder mentale Körper entspricht deinem Verstand, deinem Intellekt, also einem Teil dessen, was du mit deinem Gehirn machst. Während das Gehirn selbst, als Organ mit seinen Stoffwechselaktivitäten und elektrischen Impulsen, zum physischen Körper gehört. Der Verstand und damit dein intellektueller Körper ist das, was in dir denkt, rechnet, sich erinnert und Schlüsse zieht. Und dieser Verstand hat jede Menge Gedanken, Ideen, Lösungen, Meinungen und Vorstellungen. Auch dein intellektueller Körper kann Schmerz empfinden, aber keine Kopfschmerzen – die sind physischer Natur. Wenn du zum Beispiel deinen Schlüssel verlegt hast und dich partout nicht mehr erinnern kannst, wo du ihn das letzte Mal gesehen hast – das kann echten mentalen Schmerz verursachen. Oder wenn du keine Lösung für dein Problem findest oder verwirrt bist, weil du etwas nicht verstehst. Und intellektuelle Ekstase? Na klar, wenn du dich wieder erinnerst, wo der verlorene Schlüssel liegt, oder ein Kreuzworträtsel oder ein schwieriges mathematisches Problem löst. Oder wenn du eine großartige Idee hast. Alle diese Zustände lassen deinen Verstand höherschlagen. An intellektueller Nahrung mangelt es in unserer Kultur ebenfalls nicht. Dein Verstand wird sogar noch mehr genährt als dein physischer Körper! Schon in der Schule wird – außer im Sportunterricht – hauptsächlich der Intellekt mit jeder Menge Wissen und Logik gefüttert und zu Hause geht es weiter mit Zeitungen und Büchern, aber auch mit Fernsehen, Computerspielen und vielem mehr. Dabei handelt es sich um intellektuelle Nahrung! Indem du dieses Buch liest, fütterst du ebenfalls deinen Verstand – selbst wenn dieses Buch von Gefühlen handelt. Deine intellektuellen Muskeln kannst du ebenfalls gut trainieren, beispielsweise durch Gedächtnistraining, Lesen, Lernen oder Diskutieren.

Die physische und insbesondere auch die intellektuelle Ebene sind dadurch, dass wir darauf konditioniert sind, von einem einzigen Körper auszugehen, stark ausgeprägt. Sie werden in unserer Gesellschaft viel genutzt, trainiert, genährt und wertgeschätzt. Ein gesunder, trainierter Körper und ein ausgeprägtes Maß an Intelligenz und Wissen haben in unserer Kultur einen hohen Stellenwert, wobei der Verstand sogar noch weitaus mehr zählt als der physische Körper. Wir tun so, als wären wir Menschen rein rationale, logisch denkende Wesen und mutieren so zu einem Körper, auf dessen Schultern ein überdimensional großer Kopf thront. Die beiden anderen Körper sind uns nahezu unbekannt. Wir lernen so gut wie nichts darüber, obwohl wir spüren können, dass auch diese beiden Domänen in uns vorhanden sind. Kein Wunder also, dass wir mit unseren Gefühlen nicht wirklich umgehen können und keine Klarheit darüber haben, denn diese gehören zum emotionalen Körper.

Der emotionale Körper

Der emotionale Körper entspricht deinem fühlenden Herzen. Hier ist nicht das physische Herz gemeint, das Blut durch deinen Körper pumpt, sondern der Teil in dir, welcher Gefühle hat, wie beispielsweise Traurigkeit, Angst, Wut oder Freude. Und obwohl Gefühle in dir physische Reaktionen auslösen können (zum Beispiel Angstschweiß) und du deine Gefühle auch rational analysieren kannst, ist es weder dein physischer Körper, der diese Gefühle hat, noch dein Verstand. Es ist tatsächlich ein anderer Bereich in dir, der für das Fühlen zuständig ist. Und mit ziemlicher Wahrscheinlichkeit hast du auch schon emotionalen Schmerz verspürt, beispielsweise wenn du Liebeskummer hattest, wenn ein geliebtes Mitglied deiner Familie gestorben ist oder dich jemand angelogen hat. Und ebenso dürfte dir emotionale Ekstase nicht fremd sein, denn du hast sicher schon einmal mit anderen zusammen einen Erfolg gefeiert oder dich von jemandem geliebt gefühlt oder warst tief in deinem Herzen von etwas berührt. Oder du hast eine so starke emotionale Verbundenheit mit einer Person empfunden, dass ihr beide Tränen in den Augen hattet. Kennst du das eine oder andere davon? Mit Sicherheit! Emotional genährt fühlst du dich dementsprechend, wenn du mit anderen offen und authentisch deine Gefühle teilen kannst oder Zeuge von Begebenheiten bist, die dich tief berühren und wenn du die Gelegenheit hast, deine Gefühle dafür zu nutzen, etwas in deinem Leben zu erreichen. Wie das funktioniert, werde ich später noch genauer beschreiben. Die Unterscheidung, dass wir einen emotionalen Körper haben, nämlich ein Herz, welches Gefühle hat, war für mich wirklich wie ein Schlüssel – wie das Wiederfinden eines lang verlorenen Puzzle-Teils in meinem Lebens-Bild. Mir war sofort klar: super, einen Körper kann ich trainieren. Genau wie ich gelernt hatte, meinen physischen und intellektuellen Körper zu trainieren, kann ich ebenso meine emotionalen Muskeln trainieren und nutzen. Für mich persönlich war das eine wirklich gute Nachricht!

Der energetische Körper

Dein vierter Körper ist dein energetischer Körper – dein persönliches Energiefeld. Der energetische Körper entspricht deinem *Sein*, welches sich durch Präsenz, Bewusstsein, Absicht und Intuition ausdrückt. Du kennst vielleicht die Situation, dass du einen Raum betrittst und du dicke Luft in dem Raum spürst, weil sich dort vorher zwei Menschen gestritten haben? Dann spürst du das über deinen energetischen Körper – du nimmst die Streit-Energie wahr. Oder nehmen wir das berühmte Bauchgefühl, also die Intuition, die nichts anderes ist als eine Funktion deines energetischen Körpers. Wir sagen zwar gerne: »Folge einfach deinem Gefühl«, meinen damit aber, dass wir unserer Intuition vertrauen sollen, weil das derzeit gültige Wissen eben keinen Unterschied macht zwischen emotionalem und energetischem Körper. Es wird einfach alles in einen Topf geworfen. Energetischen Schmerz empfindest du beispielsweise, wenn du das Gefühl hast, dass dein Leben keinen Sinn hat und du dich vollkommen fehl am Platz fühlst, wenn du ziellos und ohne Vision bist oder gezwungen, gegen deine Prinzipien und Werte zu verstoßen. Energetische Ekstase hingegen tritt auf, wenn du dich mit der Welt und dem Universum eins fühlst oder dein *Sein* genießt, ohne irgendetwas tun zu müssen, aber auch wenn du deine Bestimmung lebst und dein Leben einen tieferen Sinn zu haben scheint. Ich gebe zu, das klingt etwas esoterisch, aber vielleicht hast du schon einmal für einen kurzen Moment die eine oder andere Situation davon erlebt? Auch deinen energetischen Körper kannst du trainieren, beispielsweise durch Meditation, Tai Chi oder Wahrnehmungs- und Zentrierungsübungen. Dieser Körper ist für uns am wenigsten greifbar, weil die Idee von einer Energie, die uns durchfließt, von einer Essenz, die uns ausmacht, aber unsichtbar ist, so weit entfernt von der anerkannten wissenschaftlichen Theorie ist, die an unseren Hochschulen gelehrt wird. Außer natürlich, du kennst dich mit Quantenphysik aus. Dieser Körper entspricht am ehesten dem, was im Volksmund »Seele« genannt wird. Und obwohl bereits Wissenschaftler den Beweis erbracht haben, dass selbst Pflanzen ein Energiefeld besitzen, ist dieses Wissen noch zu gefährlich, um allgemeine Gültigkeit zu erlangen. Wenn du mehr darüber erfahren möchtest, empfehle ich dir beispielsweise die Werke von Rupert Sheldrake (2009).

Wie dem auch sei, in diesem Buch geht es ja um Gefühle und damit hauptsächlich um den emotionalen Körper. Das heißt, um wieder einen Zugang zu deinen Gefühlen zu bekommen, ist es hilfreich, den emotionalen Körper von den anderen drei Körpern zu unterscheiden, um nicht in Verwirrung zu geraten. Der erste Schritt ist also zunächst einmal anzuerkennen, dass du einen emotionalen Körper hast und dass jeder Mensch einen emotionalen Körper und damit Gefühle hat. Gefühle sind weder eine Krankheit noch ein Konstruktionsfehler der Schöpfung, den es so gut wie möglich zu kaschieren gilt, indem wir lernen, unsere Gefühle zu unterdrücken. Im Gegenteil! Gefühle gehören zum Menschsein, wie Atmen, Essen, Verdauung, Schlaf und Denken, und haben sogar einen Nutzen. Kein Mensch wird ohne emotionalen Körper geboren. Der zweite Schritt besteht darin, den emotionalen Körper zu erforschen und ihn dann bewusst zu trainieren. Dieses Buch stellt dir quasi ein solches Forschungs- und Trainingsprogramm für deinen emotionalen Körper zur Verfügung – und zwar die Version für Anfänger.

Jeder Mensch hat die Fähigkeit, zu fühlen.

Wichtig zu erwähnen ist auch noch, dass unsere vier Körper alle zusammenhängen und in Interaktion stehen. Sie sind in Wirklichkeit nicht getrennt voneinander, wie das Vier-Körper-Modell vielleicht annehmen lässt. Das heißt, dass ein Gedanke ein Gefühl auslösen kann und ein Gefühl wiederum eine physische Empfindung und natürlich umgekehrt. So kann zum Beispiel der Gedanke oder die Idee, den verhassten Job zu kündigen, das Gefühl von Angst oder auch Freude in dir auslösen. Oder auch beides. Die Angst wiederum kann in deinem physischen Körper eine Enge in der Brust oder Durchfall auslösen oder deine Finger dazu bringen, sich unbewusst zu bewegen. Oder andersherum, wenn du dir den Kopf an einer Hängelampe anstößt, kann es sein, dass der physische Schmerz Wut in dir auslöst und du den Gedanken hast: »Kannst du nicht aufpassen?!« Und die Wut kann wiederum dazu führen, dass du einen roten und ziemlich heißen Kopf bekommst. Alle vier Körper hängen zusammen und haben jede Menge Wechselwirkungen, weshalb es zusätzlich schwierig ist, die unterschiedlichen Ebenen schön auseinanderzuhalten.

Vielleicht fragst du dich nun, was das Vier-Körper-Modell mit emotionaler Gesundheit und Resilienz, also innerer Widerstandskraft, zu tun hat? Na ja, das ist ganz einfach. Solange du nur zwei Körper wirklich kennst, nutzt und nährst, besitzt du auch nur die Kraft dieser beiden Körper. Du hast physische Kraft und intellektuelle Kraft zur Verfügung. Mehr nicht! Von der Kraft des emotionalen Körpers und des energetischen Körpers bist du wahrscheinlich noch nahezu abgeschnitten. Ja, mehr noch. Um Gefühle zu unterdrücken und um sie nicht zu fühlen, musst du zusätzlich noch Energie aufwenden. Das ist unglaublich kraftraubend. Das ist ungefähr so, als hättest du eine innere Tankstelle mit mehreren Zapfsäulen (nämlich Wut, Traurigkeit,

Angst, Freude) zur Verfügung und anstatt Kraftstoff aus diesen Zapfsäulen zu tanken, hältst du sie mit aller Macht verschlossen, damit auch ja kein Tröpfchen herauskommt. Du kannst natürlich versuchen, mental und physisch noch stärker zu werden und deine Gefühle noch weiter zu betäuben. Das ist die gängige Strategie in unserer Kultur! Und du kannst dir wahrscheinlich denken, wo das endet? Authentische Resilienz, also nachhaltige Widerstandskraft, um im größten Chaos agieren zu können, baust du nur dann auf, wenn du Zugang zu den Ressourcen aller vier Körper hast.

Kommen wir aber zurück zum eingangs erwähnten Mythos vom emotionalen und rationalen Menschen. Dieser vermeintliche Typen-Unterschied entsteht weniger durch Geburt als vielmehr aufgrund von Erziehung und Konditionierung! In jedem von uns sind alle vier Körperebenen vorhanden und zugänglich – ausgenommen sind allenfalls Psychopathen oder Menschen, die an einer Persönlichkeitsstörung leiden. Im Grunde sind wir aber alle überwiegend rational unterwegs, weil die intellektuelle Ebene in unserer Gesellschaft nun mal im Fokus steht und am stärksten gefördert wird. Wir lernen früh, unsere Gefühle zu unterdrücken. Und der eine hat seine Gefühle eben mehr weggepackt als der andere. Daher die Unterschiede!

Und wie ist es mit Mann und Frau? Zunächst einmal würde ich ungern von Mann und Frau sprechen, ohne klar zu unterscheiden, von was wir da gerade sprechen. Sprechen wir über die rein körperliche Ausprägung, also das physische Geschlecht? Oder über die sexuelle Orientierung? Oder über das Geschlecht, zu dem sich der jeweilige Mensch zugehörig fühlt? Die Begriffe Mann und Frau sind heutzutage also nicht mehr so eindeutig.

Ich würde daher lieber vom weiblichen Prinzip und vom männlichen Prinzip sprechen. Diese beiden Prinzipien lassen sich nämlich sehr wohl unterscheiden und beide Prinzipien sind notwendig und nützlich. Sie ergänzen sich, und in jedem Menschen sind beide Prinzipien vorhanden. Egal ob du rein physisch ein Mann oder eine Frau bist, du hast sowohl eine weibliche als auch eine männliche Seite in dir. Du hast sowohl weibliche als auch männliche Qualitäten. Das weibliche Prinzip entspricht dabei unter anderem mehr dem Fühlen, dem Empfangen, dem Nähren und der Gemeinschaft. Während das männliche Prinzip unter anderem mehr der Ratio, dem Machen, dem Kampf und der Konkurrenz entspricht. Unsere patriarchale, männlich geprägte Kultur trainiert uns aber dazu, das männliche Prinzip in den Vordergrund zu stellen. Darin sind wir – Männer wie Frauen – gut ausgebildet. Um das Fühlen wieder in dein Leben zu integrieren, ist es also notwendig, dem weiblichen Prinzip in dir wieder mehr Raum zu geben. Und das gilt eben sowohl für Männer als auch für Frauen. Frauen mögen natürlicherweise einen besseren Zugang zu ihren Gefühlen haben, weil sie das weibliche Prinzip stärker repräsentieren, sie lernen in unserer Kultur aber ebenso wenig, mit Gefühlen umzugehen, wie Männer.

Soweit also zu Mythos Nr. 1, den du jetzt getrost ad acta legen kannst. Die neue Unterscheidung heißt stattdessen:

Alle Menschen sind dazu entworfen, zu fühlen.

Bist du bereit, auf eine erste Entdeckungsreise zu gehen? Ja? Hier kommt dein erstes Experiment.

Ausgedienter Mythos

Es gibt emotionale Menschen sowie rationale Menschen. Frauen können besser mit Gefühlen umgehen als Männer.

Neue Unterscheidung

Alle Menschen sind dazu entworfen, zu fühlen. Alle Menschen besitzen Emotion *und* Ratio. Den Umgang mit Gefühlen haben wir alle nicht gelernt – Frauen ebenso wenig wie Männer.

Experiment 1: Zusammenspiel von intellektuellem, emotionalem und physischem Körper

Lies das Experiment am besten einmal komplett durch, bevor du damit startest. Das Experiment besteht aus vier Runden mit jeweils einem Gefühl.

Runde 1 – Wut

Setze dich entspannt hin und schließe die Augen (natürlich erst, wenn du das Experiment gelesen hast). Dann benutze deinen Verstand – also deinen intellektuellen Körper – und denke an eine Situation, in der du wütend warst oder über die du vielleicht auch jetzt gerade wütend bist. Vielleicht hat dein Chef dich ungerecht behandelt oder dein Kind hat wieder mal sein Zimmer nicht aufgeräumt, oder vielleicht macht es dich wütend, wenn du in den Nachrichten siehst, wie Menschen misshandelt werden oder die Natur ausgebeutet wird. Irgendetwas, das dich wütend macht – es muss keine große Sache sein.

Und nun versuche herauszufinden, wo in deinem physischen Körper du diese Wut fühlst. Mit hoher Wahrscheinlichkeit ist das irgendwo in deiner Bauchregion – vielleicht zusätzlich aber auch in deinen Händen oder in deinem Unterkiefer. Was verändert sich physisch, wenn du diese Wut etwas größer werden lässt? Was passiert mit deinen Händen, Augenbrauen und Augen, mit deinem Mund? Versuche einfach zu beobachten und dadurch herauszufinden, was typische physische Symptome von Wut sind. Okay, also so fühlt sich Wut auf der physischen Ebene an.

Runde 2 – Traurigkeit

Schließe wieder die Augen, atme einmal tief ein und aus. Jetzt denke an eine Situation, über die du traurig warst oder im Moment vielleicht sogar traurig bist. Vielleicht hat dich jemand verlassen oder ein Verwandter ist gestorben. Vielleicht bist du traurig darüber, dass du ein Ziel, das du dir gesetzt hast, noch nicht erreicht hast. Vielleicht bist du auch traurig über etwas, das gerade in der Welt passiert. Wähle einfach eine Situation aus und spüre, wo in deinem physischen Körper du diese Traurigkeit spürst und wie sie sich ausdrückt. Wie verändert sich deine Körperhaltung, deine Atmung und deine Mimik? Vielleicht steigen dir Tränen in die Augen. Lass die Traurigkeit ein wenig größer werden und beobachte, was das auf der physischen Ebene bewirkt. So fühlt sich Traurigkeit im physischen Körper an.

Runde 3 – Angst

Das Gleiche machst du jetzt mit dem Gefühl Angst. Denke an eine Situation, die dich ängstlich sein lässt. Vielleicht verspürst du Angst, wenn du an die Zukunft denkst oder wenn du zum Zahnarzt gehst oder im Flieger sitzt. Vielleicht hast du auch Angst um jemand anderen? Oder stelle dir vor, du müsstest vor hundert Menschen auf der Bühne stehen und einen Vortrag halten. Wähle einfach eine für dich beängstigende Situation aus und spüre, wo und wie dein physischer Körper Angst ausdrückt. Vielleicht zittern deine Hände oder es wird dir leicht übel? Lass auch die Angst etwas größer werden und beobachte die Veränderungen in deinem physischen Körper.

Runde 4 – Freude

Experimentiere nun noch ein letztes Mal in gleicher Weise mit dem Gefühl Freude. Stelle dir eine freudige Situation vor und beobachte, wie sich die Freude über deinen physischen Körper ausdrückt. Lass die Freude dann noch etwas größer werden und beobachte die physischen Reaktionen.

Viel Spaß beim ersten Experimentieren mit deinem emotionalen Körper.

Hinweis: Entsprechende Arbeitsblätter für deine Notizen zu den Experimenten in diesem Buch findest du auf meiner Webseite *www.emotional-empowerment.de*.

Mythos Nr. 2: Gefühle sind kompliziert, denn es gibt eine Unzahl an verschiedenen Gefühlen

In unserer rational gestrickten Welt, in der wir so wenig über Gefühle wissen, kann es dir schnell vorkommen, als gäbe es eine unendliche Anzahl an verschiedenen Gefühlen und als sei diese Sache wirklich kompliziert. Oder liebe Männer, was sagt ihr dazu? Die Gefühlswelt wirkt wie ein Mysterium, das nur von ein paar auserwählten Eingeweihten durchdrungen werden kann. Es braucht schon ein Psychologiestudium, um hier irgendwie den Überblick zu behalten. Ganz ehrlich: Unsinn! Dieser Eindruck entsteht nur deshalb, weil wir nichts über Gefühle lernen und darum eben keine Ahnung haben, wie wir mit Gefühlen umgehen sollen. Und glaube mir, auch ein Psychologiestudium hilft da wenig. Ich selbst hatte das Fach Psychologie während meiner dreijährigen Heilpraktiker-Ausbildung. Und ich versichere dir: Der gesunde Umgang mit Gefühlen wird einem auch dort nicht beigebracht.

Aber alles, was wir nicht kennen und noch nicht erkundet haben, wirkt zu Beginn erst mal unübersichtlich. Wenn du am Rande eines dunklen, dir unbekannten Waldes stehst und von außen hineinblickst, wird er auf den ersten Blick wahrscheinlich auch erst einmal undurchdringlich und gefährlich auf dich wirken – bis du ihn erkundest. Dann verliert er recht schnell seine Bedrohlichkeit und wird vielleicht sogar zu einem deiner Lieblingsorte, wo du jeden Baum persönlich kennst. Du brauchst dazu aber kein Studium der Forstwissenschaften. Also lass uns den Gefühlswald mal erkunden, und du wirst schnell merken: So viele verschiedene Bäume stehen hier gar nicht drin.

Mangelnde Unterscheidung lässt uns den Überblick verlieren

Wenn du gefragt wirst: »Wie geht es dir?« oder »Wie fühlst du dich?«, was antwortest du dann in der Regel? Mit den möglichen Antworten könnte ich vermutlich ein ganzes Buch füllen. Das reicht von »gut«, »schlecht«, »so lala«, »ausgezeichnet«, »bescheiden« bis hin zu »keine Ahnung« oder »passt schon«. Vielleicht sagst du aber auch so etwas, wie »Ich fühle mich gerade verwirrt, einsam, ausgebrannt, entspannt, gestresst, glücklich, verliebt, wie ein Fisch im Wasser« oder Ähnliches. Oder du sagst »Ich habe Rückenschmerzen« oder »Ich bin müde«. Bei dieser Litanei bekommen wir automatisch den Verdacht, dass es unendlich viele Gefühle geben muss. Das ist der unübersichtliche Wald – von außen. Aber lass uns mal hineingehen und uns genauer umsehen. Denn die wenigsten der oben angeführten Antworten haben wirklich etwas mit Gefühlen zu tun. Ist dir das aufgefallen? Wahrscheinlich nicht. Also frage ich mal direkt. Ist »gut« oder »schlecht« ein Gefühl? Nein. Es ist nur die Bewertung eines Zustands. Ist »verwirrt« ein Gefühl? Sind Rückenschmerzen ein Gefühl? Wir sagen zwar oft »Ich fühle mich ...« oder »Ich habe das Gefühl, dass ...«, aber meistens hat das, womit wir den Satz vervollständigen, rein gar nichts mit Gefühlen zu tun. Es gibt in unserem Sprachgebrauch keinen Unterschied zwischen den physischen, intellektuellen, emotionalen und energetischen Empfindungen unserer vier Körper und so legen wir diese einfach alle unter der Überschrift Gefühle ab. Kein Wunder also, wenn wir durch das dadurch entstehende Gefühlsdickicht überfordert und überwältigt sind. Es gibt sogar dicke Bücher über das Thema Gefühle, in denen es gar nicht um Gefühle geht. Kaum zu glauben, oder? Das sind beispielsweise Bücher, die aufzeigen, wie du lernst, deinem Bauchgefühl, deiner Intuition wieder zu vertrauen. Ein wirklich großartiges Thema – es hat nur eben nichts mit Gefühlen zu tun, denn Intuition oder Bauchgefühl ist eine Funktion des energetischen Körpers und keine emotionale Funktion. Na ja, um ehrlich zu sein, stimmt das nicht ganz, denn Angst spielt bei der Intuition doch eine wesentliche Rolle. Wie genau das passiert, verrate ich dir in Kapitel 7.

Also gehen wir das mal Schritt für Schritt an. Wenn du Rückenschmerzen oder Kopfschmerzen hast oder dir heiß ist, wenn du dich müde, platt oder auch entspannt oder hungrig oder satt *fühlst*, dann sind das keine Gefühle, sondern einfach nur Empfindungen deines physischen Körpers. Und diese Empfindungen geben dir eine bestimmte Information, nämlich im Beispiel von hungrig, dass es vielleicht mal wieder an der Zeit wäre, etwas zu essen. Du sagst zwar oft: »Ich fühle mich ...«, aber es ist keine emotionale Regung, die da in dir vorgeht, sondern eine physische. »Hungrig« ist kein Gefühl! »Durstig« ist kein Gefühl! »Verspannt« ist kein Gefühl! »Müde« ist kein Gefühl! Ähnlich verhält es sich, wenn du dich verwirrt fühlst oder kreativ oder unkonzentriert oder gelangweilt. Auch das sind keine Gefühle, sondern Empfindungen oder Zustände deines intellektuellen Körpers. Auch diese Empfindungen geben dir eine bestimmte Information, nämlich im Beispiel von »verwirrt«, dass du mehr Details brauchst oder noch mal genau über eine Sache nachdenken müsstest. Und wenn du dich verloren, einsam, verbunden, präsent, energiegeladen, energielos, nicht ganz anwesend oder wie ein Fisch im Wasser fühlst, dann sind das – du kannst es dir schon denken – auch keine Gefühle, sondern Regungen deines energetischen Körpers. Und auch diese Regungen geben dir eine nützliche Information, nämlich im Beispiel von »verloren«, dass es vielleicht an der Zeit ist, deinen Platz im Leben zu finden und einzunehmen. Dazu kommen dann noch Ausdrücke, die im übertragenen Sinne gemeint sein können. Wenn du beispielsweise sagst »Ich fühle mich müde«, dann kann das unterschiedliche Körper betreffen. Du kannst physisch müde sein, weil es an der Zeit ist zu schlafen, oder intellektuell vom vielen Denken oder auch energetisch, zum Beispiel durch einen Jetlag. Du siehst also, ohne das Vier-Körper-Modell wäre das ganz schön verzwickt. Du würdest weiterhin denken, dass es unzählig viele Gefühle gibt, und du wärest nicht in der Lage, zu unterscheiden und damit Klarheit zu erzeugen. Zukünftig, wenn dich jemand fragt, wie du dich fühlst, könntest du kurz innehalten und wahrnehmen, was in deinen vier Körpern gerade so los ist. Und dann könntest du beginnen, deine Antwort etwas präziser zu formulieren, um die Unterscheidung der vier Körper wirklich zu verinnerlichen: »Weißt du, physisch fühle ich mich gerade ziemlich müde, weil ich gestern noch bis in die Nacht gearbeitet habe. Und auf der emotionalen Ebene fühle ich mich richtig froh, weil jetzt alles erledigt ist.«

Die vier primären Grundgefühle

So. Jetzt wird es spannend. Jetzt weißt du zumindest, welche Regungen in dir keine Gefühle sind. Aber was sind denn nun Gefühle? Welche Empfindungen sind ganz klar dem emotionalen Körper zuzuordnen? Und hier habe ich eine wirklich gute Nachricht für dich. Denn entgegen der landläufigen Meinung, dass es unendlich viele Gefühle gibt, reicht es tatsächlich, wenn du vier Grundgefühle unterscheidest. Ja, du hast richtig gelesen. Keine Unmengen an Gefühlen, sondern nur vier – eins, zwei, drei, vier! Punkt! Und hier sind sie, unsere vier Grundgefühle, auch Gefühlsterritorien genannt:

Die vier primären Grundgefühle

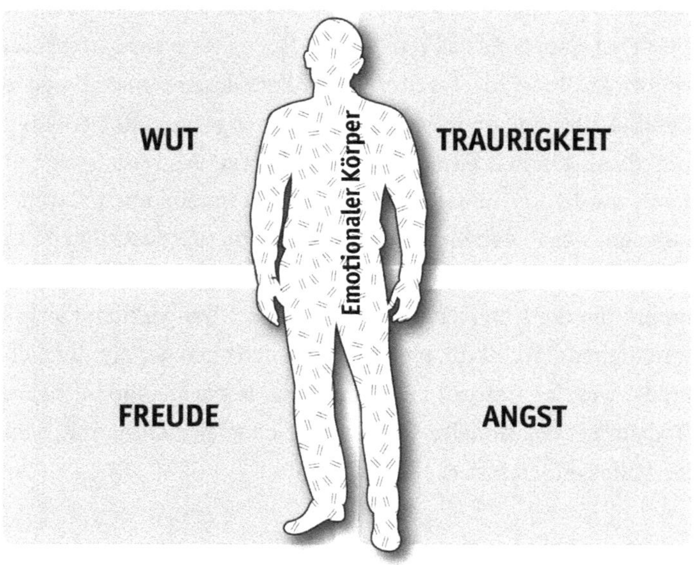

Wut, Traurigkeit, Angst und Freude – mehr sind es nicht. Hättest du das gedacht? Wenn du dir diese vier merkst – und das ist jetzt wirklich keine Herausforderung mehr – dann hast du schon die halbe Strecke durch den Wald hinter dir, einem Wald, in dem es nur Fichten, Tannen, Buchen und Eichen gibt – und die sind auch noch ganz leicht zu erkennen. Wenn du also mal alle Regungen und Empfindungen der anderen drei Körper, wie ich sie oben beschrieben habe, außen vor lässt und dich nur auf deinen emotionalen Körper konzentrierst, dann sind alle Gefühle, die du fühlst, entweder einem dieser vier Gefühlsterritorien zuzuordnen oder es handelt sich um eine Vermischung von zwei oder mehreren dieser vier Gefühle. Du kannst dir die Vermischung von Gefühlen vorstellen wie beim Mischen von Farben. Es gibt nur drei Primärfarben (Rot, Blau und Gelb), die sich nicht durch Mischung erzeugen lassen, aus denen du aber alle möglichen Farbmischungen herstellen kannst. Und dann gibt es noch Schwarz und Weiß und die entsprechenden Grautöne dazwischen. Diese gehören aber eigentlich nicht zu den Farben. Ähnlich verhält es sich bei Gefühlen. Hier gibt es eben vier Primärgefühle und du kannst aus diesen ebenfalls unterschiedlichste Gefühlsmischungen herstellen. Und dann gibt es die Empfindungen der anderen drei Körper, die wir zwar oft als Gefühle bezeichnen, die aber nicht zu den Gefühlen gehören. Vielleicht denkst du jetzt: »So einfach soll das sein? Das kann ich mir nicht vorstellen. Da wäre doch sicher schon früher jemand draufgekommen.« Ja, du kannst es dir so einfach machen und gleichzeitig ist es auch schwierig, denn es geht ja nicht nur darum, die Unterscheidung zwischen den vier Gefühlen intellektuell zu erfassen, sondern wieder zu lernen, sie in deinem emotionalen Körper wahrzunehmen, auszudrücken und zu nutzen.

Also prüfen wir die Hypothese mal weiter. Wenn du aufgeregt bist oder nervös, welches der vier Grundgefühle steckt dahinter? Genau, du hast es wahrscheinlich erraten: Es ist Angst! Wenn du aufgebracht, empört oder ungehalten bist oder wenn du dich von jemandem hintergangen fühlst, welches Gefühl steckt dahinter? Klaro, die Wut! Wenn du dich niedergeschlagen oder unglücklich fühlst, welchem Grundgefühl entspricht das? Einfach, oder? Traurigkeit. Und wenn du dich glücklich oder froh fühlst oder begeistert, dann steckt mit ziemlicher Sicherheit das Gefühl Freude dahinter. Das sind also einfach nur andere Begriffe für die gleiche Sache. Manchmal ist es ein bisschen schwieriger, weil sich hinter einem Begriff mehrere Gefühle verstecken können. Wenn du zum Beispiel enttäuscht bist oder dich gekränkt oder verletzt fühlst, kann das entsprechende Gefühl Traurigkeit, aber auch Wut sein, wahrscheinlich sogar ein wenig von beidem. Wir können nämlich über ein und dieselbe Sache sogar mehrere Gefühle gleichzeitig, quasi nebeneinander, fühlen. Vielleicht ist dir folgende Situation gut bekannt: Dein zweiwöchiger Urlaub irgendwo in einem schönen Land geht allmählich zu Ende. Einerseits fühlst du Traurigkeit, weil du nur noch zwei Tage die Ruhe und das Ambiente an deinem Urlaubsort genießen kannst. Andererseits fühlst du aber auch eine gewisse Freude, dass du bald wieder zu Hause in deinen vier Wänden und deinem Garten bist und dass du deine Freunde und Bekannten wiedertriffst. Vielleicht empfindest du sogar zusätzlich ein wenig Angst vor dem, was in deinem Job nach deinem Urlaub vielleicht über dich hereinbrechen wird. Und manchmal vermischen wir diese vier Gefühle auch, und dann kann es etwas unübersichtlich werden in unserem Wald. Denn wenn du Gefühle vermischst, geht automatisch die Klarheit verloren.

Es gibt Veröffentlichungen, in denen noch weitere Gefühle als Grundgefühle dargestellt werden. Vielleicht hast du den Animationsfilm *Alles steht Kopf* (Originaltitel: *Inside Out*) von Pixar gesehen? Dort werden die vier Grundgefühle Wut, Traurigkeit, Angst und Freude und ihre Interaktionen durch entsprechende Figuren verkörpert und unterhaltsam dargestellt. Quasi ein Blick in unsere bunte Gefühlswelt. In diesem Film spielt eine fünfte

Figur mit, die den Ekel verkörpert. Ist also Ekel auch eines der Grundgefühle, sodass es fünf anstatt vier gibt? Meine persönliche Meinung: Nein! Ekel ist zunächst einmal eine instinktive Schutzfunktion des physischen Körpers. Ekel ist eine physische Reaktion auf bestimmte Auslöser. Diese Auslöser stehen meist in Verbindung mit Stoffen, die für den physischen Körper gefährlich werden könnten, wie verschimmelte oder vergammelte Lebensmittel. Bestimmte visuelle, olfaktorische, haptische oder gustatorische Reize lösen in diesem Falle Ekel aus. Der menschliche physische Körper verfügt beispielsweise über Schimmel-Rezeptoren, sodass wir Schimmel schnell über die Nase wahrnehmen können. Dies ist ein Beispiel für einen olfaktorischen (den Geruchssinn betreffend) Ekelreiz. Ekel ist also eine teilweise angeborene, instinktive Reaktion unseres physischen Körpers auf bestimmte Reize, die diesen Schutzmechanismus auslösen. In Bezug auf die Ekelreize werden wir aber auch während unserer Kindheit stark konditioniert. Jedes Mal, wenn deine Mutter, als du noch klein warst, sagte: »Igitt! Das ist bäh! Wirf das weg!«, wurde dein Ekel-Mechanismus auf einen Auslöser programmiert. Da unsere Gesichtsmuskeln sich bei Ekel auf bestimmte Weise anspannen, ähnlich wie es bei Gefühlen der Fall ist, könnte der Eindruck entstehen, dass es sich bei Ekel um eine Reaktion des emotionalen Körpers handelt. Allerdings lösen unterschiedliche Geschmacksrichtungen oder Gerüche ebenfalls solche Gesichtsausdrücke aus, ohne dass wir sie mit Gefühlen in Verbindung bringen. Denke nur einmal daran, wie du dein Gesicht verziehst, wenn du eine Zitrone isst oder du aus Versehen auf eine bittere Mandel beißt. Es schmeckt einfach unangenehm oder zu intensiv, sodass du den Impuls verspürst, auszuspucken. Da die vier Körper aber zusammenhängen und Wechselwirkungen haben, können durch eine Ekelreaktion auch Gefühle ausgelöst werden.

Beispielsweise Wut und/oder Angst, welche durch die Gedanken »Igitt! Pfui! Weg damit!« oder auch »gefährlich« erzeugt werden.

In anderen Veröffentlichungen wird die Scham als weiteres Grundgefühl genannt. Doch wenn du einmal genauer betrachtest, was passiert, wenn du dich schämst, wirst du schnell merken, dass Scham eine Vermischung aus zwei oder drei der genannten vier Grundgefühle ist. Stell dir einfach vor, du gehst in einem gut besuchten U-Bahnhof am Bahnsteig entlang. Plötzlich stolperst du und fällst vor all den anderen Menschen hin, und zwar nicht gerade elegant. Ein schmerzendes Knie und Schamesröte im Gesicht sind die Folgen. Was passiert in dem Moment auf der emotionalen Ebene? Du spürst wahrscheinlich Angst, ausgelacht zu werden. Du fühlst Wut, weil dir das passiert ist, weil du nicht gut genug aufgepasst hast und weil dir dein Knie höllisch wehtut. Und du bist traurig, weil du wie ein Trottel dastehst, alle auf dich herabschauen und weil du Schmerzen hast. Und weil diese drei Gefühle in diesem Fall vermischt sind, fühlt sich Scham nicht besonders gut an. Brené Brown, eine bekannte amerikanische Sozialforscherin, sagt in ihrem Vortrag über Verletzlichkeit: »Scham ist die Angst, nicht gut genug zu sein und ausgeschlossen zu werden.« (Brown 2010) Scham ist also kein eigenes Grundgefühl, sondern ebenfalls eine Mischung aus den bekannten Gefühlen.

Hie und da wird auch Überraschung als primäres Gefühl dargestellt. Meiner Meinung nach handelt es sich hierbei ebenfalls um eine Gefühlsmischung, nämlich entweder aus Angst und Wut oder aus Angst und Freude oder aus Angst und Traurigkeit – je nachdem womit du überrascht wirst. Vielleicht fragst du dich mittlerweile auch, wie es denn mit Liebe oder Leidenschaft aussieht? Dazu komme ich später noch. Aber schon mal ein Spoiler vorweg: Sorry, lieber Leser, dass Liebe ein Gefühl ist, ist nichts anderes, als ein weiterer Mythos! Aber wie gesagt, dazu später mehr.

Welchen Nutzen bringt es dir nun, zu wissen, dass es reicht, vier Grundgefühle voneinander zu unterscheiden und um welche vier Grundgefühle es sich dabei handelt? Zunächst einmal vor allem eines: Klarheit. Und Klarheit versorgt dich mit Kraft und Möglichkeiten. Jetzt weißt du, wie die unterschiedlichen Länder deiner Gefühlswelt heißen und kannst auf deine persönliche Forschungsreise in diese vier Territorien starten. Und dies ist der erste Schritt zu emotionaler Heilung und innerer Stärke. Sobald du lernst, diese vier Grundgefühle wieder in ihrer Reinform zu fühlen und dadurch bewussten Zugang zu diesen vier Territorien erlangst, bist du in der Lage, emotionale Stabilität zu entwickeln und gleichzeitig offen und berührbar zu bleiben. Das ist doch etwas Erstrebenswertes, oder?

Den Mythos von den unendlich vielen Gefühlen und der unüberwindlichen Komplexität unserer Gefühlswelt kannst du also nun ebenfalls ad acta legen und stattdessen bis vier zählen. Hast du Lust, das mal auszuprobieren? Dann kommt hier dein zweites kleines Experiment.

Ausgedienter Mythos

Gefühle sind kompliziert, denn es gibt eine Unzahl an verschiedenen Gefühlen.

Neue Unterscheidung

Unsere Gefühlswelt ist unkomplizierter als zunächst vermutet. Vieles, was wir als Gefühl beschreiben, ist in Wirklichkeit gar kein Gefühl. Es reicht, wenn wir die vier primären Grundgefühle Wut, Angst, Traurigkeit und Freude voneinander unterscheiden können. Jedes authentische Gefühl ist entweder eines dieser vier Grundgefühle oder eine Vermischung von zwei oder mehreren dieser Gefühle.

Experiment 2: Bewusstes Einordnen der Empfindungen der verschiedenen Körper

Setze dich entspannt hin, schließe die Augen und atme dreimal tief und langsam ein und wieder aus. Dann geht es los mit dem Experiment. In diesem Experiment geht es darum, die unterschiedlichen Empfindungen deiner vier Körper bewusst voneinander zu unterscheiden, beziehungsweise die unterschiedlichen Empfindungen, die sich in deinem Inneren abspielen, dem richtigen Körper zuzuordnen. Es gibt zwei Herangehensweisen bei diesem Experiment:

Variante Nr. 1:
Nimm dir Zeit und fühle in dich hinein: Was empfindest du gerade?

Vielleicht hat sich durch das Atmen und die Stille etwas in dir entspannt und du fühlst dich ruhiger. Auf welchen Ebenen fühlst du dich entspannter, ruhiger? Physisch? Haben sich beispielsweise deine Muskeln oder dein Bauch entspannt? Eventuell hat sich aber auch dein Verstand entspannt? Hat sich das Gedankenkarussell in deinem Kopf beruhigt?

Und dann gehe einfach zur nächsten Empfindung, die hochkommt, und ordne diese dem entsprechenden Körper zu. Mache dir bewusst, welcher deiner vier Körper diese Empfindung gerade hat.

Variante Nr. 2: Fühle direkt in die unterschiedlichen Körperebenen hinein – in eine nach der anderen

Du kannst diese zweite Variante noch etwas experimenteller gestalten, indem du vier DIN-A4-Blätter mit jeweils einem Körper beschriftest, diese auf dem Boden auslegst und eine Reise in den jeweiligen Körper machst, indem du dich auf das entsprechende Blatt stellst. Stelle dir dann die Frage: »Was empfinde ich gerade in diesem Körper?« Nimm bewusst wahr, welche Empfindungen im jeweiligen Körper gerade vorhanden sind und wechsle dann zum nächsten Körper. Versuche beim Erforschen des emotionalen Körpers die vorhandenen Empfindungen jeweils gleich in eines der vier Gefühlsterritorien zu übersetzen (beispielsweise: gereizt = Wut; fröhlich = Freude; unruhig = Angst).

Es macht Sinn, beide Varianten einmal auszuprobieren und das Experiment immer wieder zu machen – quasi auch als Übung, sodass du immer sicherer wirst in der Zuordnung der Körperempfindungen. Du wirst merken, dass du mit der Zeit auch immer zentrierter in deinem physischen Körper ankommst und nicht mehr nur die ganze Zeit in deinem Verstand verweilst, wenn du diese Übung regelmäßig machst.

Mythos Nr. 3:
Es gibt positive Gefühle und negative Gefühle – wenn wir schon Gefühle haben, dann sollten es die positiven sein!

Im vorangegangenen Kapitel habe ich dich mit dem Gedanken vertraut gemacht, dass es ausreicht, vier Grundgefühle zu unterscheiden und nicht Unmengen unterschiedlicher Gefühle. Wenn du jetzt einmal diese vier Gefühle genauer betrachtest – Wut, Traurigkeit, Angst und Freude – was hast du über diese vier Gefühle gelernt? Was würdest du über diese sagen?

Wahrscheinlich würdest du zunächst einmal so etwas sagen, wie: »Na super, jetzt gibt es nur vier Gefühle und davon sind drei negativ und nur eines ist positiv«. Das ist zumindest das, was wir über diese vier Gefühle – größtenteils unbewusst – gelernt haben. Während Wut, Angst und Traurigkeit als negativ betrachtet werden und möglichst zu vermeiden sind, ist Freude auf den ersten Blick positiv und erlaubt. Ob das auf den zweiten Blick immer noch so ist? Vielleicht ist es für Mädchen auch noch okay, manchmal traurig zu sein, aber bitte nicht im Job. Dagegen ist es für Männer gar keine Option. Und bei der Wut ist es gerade umgekehrt: Ein Mann darf ab und zu mal seine Wut zeigen, um nicht als Weichei dazustehen – aber natürlich auch nicht im Job. Wenn eine Frau dies tut, wird sie gemeinhin als hysterisch eingestuft. Insgesamt herrscht in unserer Gesellschaft das Paradigma, dass Gefühle nicht professionell sind und dass es gilt, sie beziehungsweise sich zu beherrschen. Einer der wenigen Orte, wo es gesellschaftlich erlaubt ist, im Kollektiv Gefühle zu haben und auszudrücken, ist das Fußballstadion. Jeder von uns kennt die Bilder von durchtrainierten Männern in Trikots, die bei der Weltmeisterschaft aufgrund einer herben Niederlage in Tränen ausbrechen – und das vor laufender Kamera. Oder die vielen Gesichter in den Fanreihen, mal wütend, mal traurig, mal geschockt oder vor Freude jubelnd. Hier dürfen wir unsere Gefühle hemmungslos zum Ausdruck bringen, egal ob es sich um

Wut, Traurigkeit, Angst oder Freude handelt – aber ansonsten: No way!

Schauen wir uns die vier Gefühlsterritorien doch mal genauer an und fassen zusammen, was wir über diese vier so gelernt haben und wie diese vier in unserer aktuellen Kultur betrachtet werden. Die allgemeine Annahme, auf der diese Perspektive in Bezug auf Gefühle basiert, ist folgende: Für Erwachsene ist es nicht okay, zu fühlen und schon gar nicht, Gefühle offen zu zeigen.

Die alte Sicht auf die vier Gefühle

WUT

... ist **negativ**, weil ...

zerstörerisch, laut, unkontrolliert, unbeherrscht, verletzend, cholerisch, unprofessionell, aggressiv und so weiter

TRAURIGKEIT

... ist **negativ**, weil ...

schwach, depressiv, verdirbt anderen die Laune, Heulsuse, Männer weinen nicht, unprofessionell, launisch und so weiter

FREUDE

... ist **positiv.** Zu viel davon ist aber auch **negativ**, weil ...

kindisch, naiv, nicht ernst zu nehmen, unrealistisch, freu dich nicht zu früh, albern und so weiter

ANGST

... ist **negativ**, weil ...

schwach, macht andere unsicher, Hasenfuß, lähmt, verwirrt, irrational, unprofessionell, entscheidungsunfähig und so weiter

Was hast du über Wut gelernt?

Was hast du zum Beispiel erlebt, wenn du als Kind wütend warst und lauthals deiner Wut Luft gemacht hast, eventuell sogar mit vollem Körpereinsatz und Fußstampfen? Vielleicht war es ja ähnlich wie bei mir – ich wurde dann in mein Zimmer geschickt, um mich zu beruhigen, und durfte erst wieder herunterkommen (mein Zimmer war im ersten Stock), wenn ich wieder »normal« war. Manchmal gab es aber auch eine Ohrfeige oder ich wurde als kindisch abgestempelt, indem man sich ungeniert über mich lustig machte – was mich natürlich noch mehr zur Weißglut brachte. Und? Wie war das bei dir? Hast du ähnliche Erfahrungen gemacht oder konnte dein Umfeld mit deiner Wut gut umgehen? Wahrscheinlich nicht. Aber auch die Wut anderer zu erleben empfand ich als Kind nicht gerade als ermutigend. Wenn meine Mutter oder mein Vater rasend vor Wut waren, war das keine angenehme Erfahrung – insbesondere, wenn ihre Wut gegen mich gerichtet war. Meine Strategie war dann, mich so schnell wie möglich aus der Gefahrenzone zu begeben und mich unsichtbar zu machen. Denn Wutausbrüche meiner Eltern fühlten sich für mich mehr als lebensbedrohlich an. All diese Erfahrungen mit den Reaktionen anderer auf die eigene Wut, aber auch die eigenen Erfahrungen mit der Wut anderer, prägen in uns allen sehr früh die Auffassung, dass Wut nicht in Ordnung ist, ja asozial, gefährlich und nicht gesellschaftsfähig. Ein wütender Mensch gilt als schwach und unberechenbar, weil er sich nicht unter Kontrolle hat. Also fangen wir in der Regel sehr früh an, die Wut wegzupacken und uns zu beherrschen. Wir packen sie in die Schublade der negativen Emotionen.

Was hast du über Traurigkeit gelernt?

Und wie war das mit Traurigkeit? Welche Reaktionen bekamst du als Kind von deiner Umwelt, wenn du traurig warst und bitterlich geweint hast? Vielleicht hat deine Mutter versucht, dich zu trösten, indem sie dir gesagt hat, dass alles gar nicht schlimm sei oder dass es gar nicht wehtut – und hat damit deine Gefühle schlichtweg ignoriert, ja sogar negiert. Vielleicht hat man dir auch so aufmunternde Dinge gesagt, wie: »Ich mag dich lieber, wenn du lachst« oder »Du kriegst ganz verquollene Augen, wenn du so heulst«. Wenn du ein Mann bist, waren dein Vater oder deine Freunde aber vielleicht auch nicht ganz so zimperlich und machten sich über dich lustig. »Indianer kennen keinen Schmerz« oder »Männer weinen nicht« gehören wohl zu den Klassikern. Vielleicht wurdest du aber auch als »Mädchen«, »Heulsuse« oder »Weichei« beschimpft. Und auch diese Erfahrungen haben früh in uns die Auffassung geprägt, dass traurig zu sein und zu weinen schwach und nichts für Erwachsene ist. Versuche doch einfach mal in deinem Job offen zu zeigen, wenn du traurig bist. Da wirst du ganz schnell als nicht belastbar oder zu sensibel abgestempelt. Als Frau kann man sich das vielleicht noch ab und zu erlauben (»Die hat ihre Tage!«), aber als Mann kommt das auf keinen Fall in Frage. Traurigkeit wird in unserer Gesellschaft auch sehr schnell als Depression und damit als psychische Störung und als Krankheit eingestuft. In einem meiner Firmen-Trainings ließ eine Teilnehmerin ihren Gefühlen von Traurigkeit bei einer Übung freien Lauf. Danach musste ich mir von einem anderen Teilnehmer anhören, wie unverantwortlich es sei, so eine Übung zu machen. Die Kollegin würde jetzt wahrscheinlich psychologischer Hilfe bedürfen. Soweit sind wir also schon gekommen! Die Teilnehmerin selbst hatte überhaupt kein Problem damit. Im Gegenteil, sie fühlte sich befreit, da sie authentisch ausdrücken durfte, wie sie sich fühlte. Ihr Kollege war aber offensichtlich überfordert damit. Also auch Traurigkeit ist in unserer Gesellschaft nicht okay und so fangen wir schon früh an, die Traurigkeit wegzupacken und sie nur dann auszudrücken, wenn wir allein sind und uns keiner sieht.

Was hast du über Angst gelernt?

Um das Gefühl Angst steht es auch nicht sehr viel besser. Wenn ich als Kind Angst hatte, zum Beispiel vor der Dunkelheit oder dem Keller, dann wurde mir oft gesagt, wie dumm ich doch sei, zu glauben, in der Dunkelheit verstecke sich irgendeine Gefahr. »Du brauchst keine Angst zu haben! Das ist überhaupt nicht schlimm. Jetzt stell dich nicht so an! Du bist ein richtiger Hosenscheißer!« Sicher hast du in jungen Jahren so etwas Ähnliches auch das eine oder andere Mal zu hören bekommen. Als Jugendliche ging es dann weiter mit allerlei Mutproben, mit denen wir bei unseren Freunden den Anschein erwecken wollten, dass wir keine Angst kennen. Angst gilt als irrational und daher sollten Erwachsene auch keine Angst haben. »Angst ist ein schlechter Berater«, heißt ein deutsches Sprichwort. Daher meiden wir die Angst wie der Teufel das Weihwasser. Wir schließen Versicherungen ab, geben uns der Illusion von Sicherheit und Kontrolle hin und bleiben innerhalb der uns bekannten Grenzen unserer Komfortzone, nur um keine Angst fühlen zu müssen. »Wer Angst hat, kann keine Entscheidungen treffen«, wird behauptet. Also haben wir früh gelernt, auch die Angst wegzupacken – sehr zur Freude all derjenigen Branchen, welche uns Produkte verkaufen wollen, die uns das Leben angeblich sicherer machen. Schau dir mal bewusst die Fernsehwerbung an und du wirst feststellen, dass viele Produkte und Spots genau auf unsere Angst vor der Angst abzielen. Da wird uns die Zahnpasta angepriesen, die noch besser vor gefährlicher Karies schützt, oder das Auto, das vor schlimmen Unfällen bewahrt, bis hin zur Versicherung, die sich im Notfall um alles kümmert. Unsere Angst vor der Angst macht uns zu gut manipulierbaren Konsumenten und zu braven, angepassten Bürgern, die möglichst wenig Risiken eingehen.

Der Schluss, den wir aus all dem gezogen haben, ist, dass Gefühle – insbesondere Wut, Traurigkeit und Angst – negativ sind, unprofessionell und daher tunlichst zu vermeiden. Selbst in den meisten spirituellen Lehren werden Gefühle als etwas Negatives dargestellt. Da wird zum Beispiel Angst sehr häufig als das Gegenteil von Liebe deklariert. Oder insgesamt negative Gefühle als Indiz dafür genommen, dass du noch zu sehr mit deinem Ego verhaftet bist oder eben noch nicht spirituell entwickelt genug. Du hast wahrscheinlich einfach noch nicht genug meditiert!

Was hast du über Freude gelernt?

Wie ist es aber nun um das vierte Gefühl bestellt, die Freude? Freude ist doch okay, oder? Na ja, frag dich doch mal selbst, was passieren würde, wenn du den ganzen Tag im Büro lächelnd und freudig durch die Gegend laufen würdest? Was würden die Leute denken und vielleicht auch sagen? »Was ist denn mit dir passiert? Bist du frisch verliebt oder hast du was geraucht?« Übermäßige Freude gilt gemeinhin als naiv, albern und kindisch. »Freu dich nicht zu früh«, sagt das Sprichwort, »das dicke Ende kommt noch!« Wenn du zu freudig oder überschwänglich bist, dann wirst du vielleicht nicht ernst genommen. Offensichtlich hast du einfach nicht genug Arbeit oder noch nicht die Nachrichten gehört. Wie könntest du sonst noch so fröhlich sein? »Den Vogel, der morgens pfeift, frisst abends die Katze!«, heißt es in einem weiteren vielsagenden Sprichwort. Also selbst die Freude als das einzige angeblich positive Gefühl ist auch nur in Maßen okay. Das, wonach wir – zumindest in der Theorie – alle streben, wird in unserer Gesellschaft als doch nicht ganz so positiv gesehen wie zunächst angenommen. Hättest du das gedacht? Denn: Gefühle sind eben Gefühle – also etwas für Kinder oder für Frauen, wenn sie ihre Tage haben, oder für Männer im Fußballstadion. Aber doch nichts für Erwachsene im Normalzustand und schon gar nicht im Job. Da muss man doch professionell sein und sich unter Kontrolle haben.

Und genau in dieser unbewussten Konditionierung, nämlich dass Gefühle nicht okay sind, liegt ein weitreichendes Problem. Meiner Meinung nach ist sie eine der Hauptursachen dafür, dass emotionale und psychische Störungen, wie Depression, Angstzustände und Burn-out, sich gerade in der westlichen Bevölkerung ausbreiten wie eine Epidemie. Wie bereits erläutert, braucht es viel Energie, um Gefühle zu unterdrücken. Und Gefühle gehen nun mal nicht einfach weg, sondern sie werden im physischen Körper gespeichert und manifestieren sich dort früher oder später. Und wenn das Fass voll ist, läuft es über – egal wie stark und kontrolliert du vorher warst. Das heißt, um hier etwas zu verändern, braucht es eine komplett neue Sicht- und Herangehensweise in Bezug auf Gefühle. Das alte Paradigma, dass das Zeigen von Gefühlen unprofessionell und nicht okay ist, muss abgelöst werden durch eine neue Annahme. In einem der nächsten Kapitel werde ich dir zeigen, dass Gefühle weder

*Die uralte Geschichte,
die wir uns
ununterbrochen über
Gefühle erzählen,
hält uns davon ab zu
fühlen.*

positiv noch negativ sind – sondern vollkommen neutral. Wie die Richtungen auf einem Kompass. Und du wirst gleichzeitig entdecken, dass Gefühle, wenn sie verantwortlich und bewusst gefühlt werden, unheimlich nützlich sind und dir Kraft verleihen, anstatt dir Kraft zu entziehen.

Das heißt im Klartext, du musst dich noch ein bisschen gedulden, um den Mythos zu entkräften, dass es positive und negative Gefühle gibt und dass wir möglichst nur positive Gefühle haben sollten. Aber dass dieser Mythos existiert und dass er eine der Ursachen des derzeitigen Problems darstellt, das solltest du jetzt mit Klarheit im Bewusstsein haben. Forsche doch mal im folgenden Experiment nach deinen ganz persönlichen Prägungen in Bezug auf die vier Gefühle. Ich bin gespannt, auf welche alten Erfahrungen und Glaubenssätze du so stößt.

Ausgedienter Mythos

Es gibt positive Gefühle und negative Gefühle – wenn wir schon Gefühle haben, dann sollten es die positiven sein!

Neue Unterscheidung

Die Bewertung von Gefühlen in positiv und negativ führt dazu, dass wir vermeintlich negative Gefühle unterdrücken und loshaben wollen. Dadurch fehlt uns die Kraft, die in diesen Gefühlen enthalten ist. Wie wäre es, wenn wir Gefühle einfach als neutrale Kräfte ansehen würden?

Experiment 3: Meine persönlichen Prägungen und Geschichten über Gefühle

In diesem Experiment geht es darum, dass du dir über deine eigene Prägung und Konditionierung in Bezug auf die vier Gefühle bewusst wirst. Welche Geschichten, Meinungen und Glaubenssätze hast du im Laufe deines Lebens in Bezug auf Gefühle verinnerlicht? Welche Erfahrungen hast du in der Vergangenheit gemacht, welche dich zu diesen Annahmen gebracht haben? Stelle dir dazu folgende Fragen:

- Was habe ich in Bezug auf Wut, Traurigkeit, Angst und Freude in der Vergangenheit gelernt?
- Welche Reaktionen auf meine Wut, Traurigkeit, Angst und Freude habe ich in meiner Kindheit erlebt und erfahren?
- Wie habe ich als Kind auf die Wut, Traurigkeit, Angst und Freude meiner Eltern, Geschwister oder Freunde reagiert?
- Was denke ich heute noch über Wut, Traurigkeit, Angst und Freude? (Sei ehrlich!)
- Erlaube ich es mir heute, wütend, traurig, ängstlich oder freudig zu sein und diese Gefühle auch zu zeigen? Wenn nein, warum nicht? Welche Glaubenssätze hindern mich daran? Wo kommen diese Glaubenssätze her?

Schreibe die identifizierten Glaubenssätze, Erfahrungen und Meinungen zum jeweiligen Gefühl auf, damit du sie klar vor dir hast.

Und dann mache dir Folgendes bewusst: Es handelt sich bei Glaubenssätzen und Meinungen nicht um die Wahrheit. Es handelt sich um Annahmen, Interpretationen und Schlüsse, die du aus deinen Erfahrungen (beispielsweise in der Kindheit) gezogen hast. Oder um Meinungen, die du als Bürger der modernen westlichen Kultur, in der du lebst, ungeprüft übernommen hast. Es handelt sich um Geschichten, um Mythen! Und diese Mythen führen in der Regel dazu, dass du dich bewusst oder unbewusst von deinen Gefühlen abgeschnitten hast.

Mythos Nr. 4: Große Gefühle sind unkontrollierbar und können uns überwältigen

Wenn du in der modernen westlichen Welt aufgewachsen bist und deine Eltern nicht zufällig Profis in Sachen Gefühle waren, wurdest du bewusst oder unbewusst von der Annahme geprägt, Gefühle seien unprofessionell, gefährlich, kindisch und negativ. Das hat mit höchster Wahrscheinlichkeit dazu geführt, dass du von klein auf gelernt und trainiert hast, Gefühle zu unterdrücken und dich in Bezug auf Gefühle taub zu machen, sodass du sie nicht mehr fühlst – außer sie werden so mächtig, dass du nicht mehr in der Lage bist, wegzufühlen. Das passiert in der Regel dann, wenn deine Gefühle so groß werden, dass sie außer Kontrolle geraten und das Gefühl dann quasi dich besitzt statt umgekehrt. Fast jeder normale Bürger der modernen westlichen Welt hat sich daher eine sogenannte Taubheitsschwelle zugelegt. Eine Taubheitsschwelle ist eine Gefühlsbarriere. Gefühle, die in ihrer Intensität unterhalb dieser Barriere liegen, nimmst du einfach nicht als Gefühle wahr. Vielleicht bemerkst du ein wenig Unbehagen oder ein Störgefühl, ein Grummeln im Bauch oder eine gewisse Unruhe. Das kann bis hin zu ganz konkreten physischen Symptomen wie Übelkeit, Schlaflosigkeit, Kopfschmerzen, Durchfall oder Bauchschmerzen führen. Du kannst aber nicht sagen, dass du etwas fühlst oder welches Gefühl du genau fühlst. Du fühlst dich einfach *nicht so gut* oder vielleicht sogar *schlecht*, ohne genau sagen zu können, was mit dir los ist.

Die Taubheitsschwelle – dein konditioniertes Sicherheitsventil gegen Gefühle

Lass uns aber noch mal einen Schritt zurückgehen, damit die Sache mit der Taubheitsschwelle noch klarer wird. Wenn wir normalerweise über Gefühle reden, dann haben die meisten Menschen sofort die großen Gefühlsausbrüche vor Augen. Bei Wut denkst du vielleicht an einen Wutanfall, bei dem lauthals geschrien wird und die Türen knallen. Bei Angst an eine Panikattacke, bei der du handlungsunfähig bist, kaum mehr Luft bekommst und dich nicht mehr bewegen kannst. Wenn du an Traurigkeit denkst, stellst du dir wahrscheinlich einen Anfall von tiefer Traurigkeit bis hin zur Depression vor, bei der du tagelang weinst und tief in bodenlosem Kummer versinkst und das Gefühl hast, nie wieder herauszukommen. So stellen sich die meisten Menschen Gefühle vor, wenn sie bewusst an Gefühle denken – insbesondere, wenn es um die vermeintlich negativen Gefühle geht. Deshalb machen uns Gefühle oft solche Angst, weil wir in der Regel nur die Erinnerung an Erfahrungen mit diesen hohen Ausprägungen des jeweiligen Gefühls haben. Das ist das Resultat unserer Taubheitsschwelle – sie lässt uns Gefühle erst bewusst als solche wahrnehmen, wenn sie groß genug sind, um diese Schwelle zu überspringen. Dann sind sie aber meist längst in einem Bereich, in dem Gefühle wirklich außer Kontrolle geraten können, wenn du nicht gelernt hast, damit umzugehen. Und wenn das passiert ist, hast du wieder einen Grund mehr, deine Gefühlsbarriere noch stärker zu fixieren oder sogar noch höher zu schrauben.

Wir sind größer als jedes unserer Gefühle. Leider ist uns das nicht bewusst.

Jedes der vier Gefühle kann aber in einer Intensität von null bis hundert Prozent in Erscheinung treten, also von ganz subtil (= 0,1 bis zehn Prozent) über mittel stark (dreißig bis sechzig Prozent) bis riesig (achtzig bis hundert Prozent). Worauf beziehen sich nun diese Prozentangaben? Die Angabe in Prozent ist ja immer eine relative Größe, die einen Bezug braucht. Die hundert Prozent beziehen sich bei Gefühlen verständlicherweise nicht auf eine technisch messbare Größe, sondern auf eine Erfahrungsgröße. Hundert Prozent Wut bedeuten in diesem Zusammenhang einfach, dass die Wut in ihrer Intensität nicht mehr größer werden kann. Hundert Prozent entsprechen der maximal möglichen Intensität des jeweiligen Gefühls. Die Gefühlsintensitätsskala ist nach oben hin nämlich nicht offen und unendlich, sondern es gibt zu jedem Gefühl eine maximal erreichbare Ausprägung. Wir Menschen sind eigentlich dazu entworfen, bis zu hundert Prozent von jedem Gefühl zu fühlen – ohne dabei draufzugehen. Ehrlich, du gehst nicht drauf – auch nicht bei hundert Prozent Angst, Wut oder Traurigkeit! Ich habe es selbst erlebt! Du kannst dir sicher vorstellen, dass hundert Prozent Wut ziemlich laut sind und sich ziemlich gewaltig anfühlen. Angenommen, deine Taubheitsschwelle liegt bei achtzig Prozent und du bist aus irgendeinem Grund wütend. Dann würdest du deine Wut erst bemerken und als Wut wahrnehmen, wenn sie schon über achtzig Prozent groß geworden ist. Und da bist du dann schon in dem Bereich, in dem du jemanden anschreist, Türen zuknallst oder vielleicht sogar mit Tellern wirfst, wenn du nicht gelernt hast, bewusst und verantwortlich mit deiner Wut umzugehen.

Die Taubheitsschwelle am Beispiel von Wut

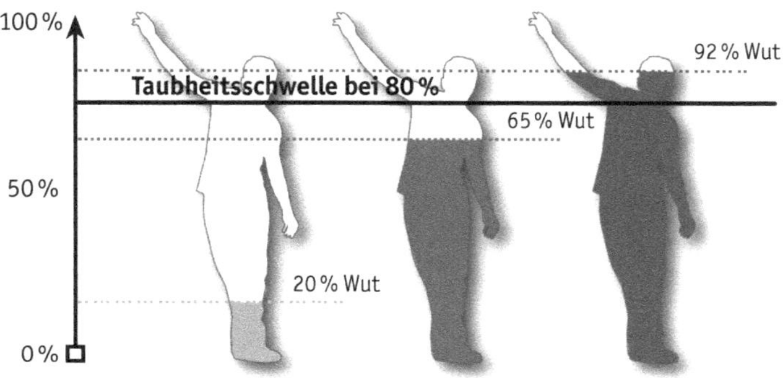

In der Abbildung oben würde die Person ganz links mit zwanzig Prozent großer Wut zwar ein gewisses Störgefühl empfinden, sie ist schlecht drauf – irgendetwas fühlt sich nicht richtig an –, aber sie könnte dieses Gefühl nicht als Wut identifizieren und damit auch nicht verantwortlich nutzen, denn es liegt weit unter ihrer Taubheitsschwelle von achtzig Prozent. Es gab irgendein Ereignis, welches diese Wut ausgelöst hat – kein allzu großes Ereignis, denn es hat nur zu einer kleinen Wut geführt. Da diese Wut aber unbewusst bleibt und damit auch unausgedrückt, kann sie ihr Unwesen auf der physischen Ebene treiben und beispielsweise für einen erhöhten Blutdruck sorgen oder für Verspannungen im Kieferbereich mit nächtlichem Zähneknirschen. In Beziehungen kann diese unerkannte Wut zu unbewusstem Groll führen, der dann an anderer Stelle austritt, zum Beispiel in Form von ironischen Bemerkungen oder verletzenden Kommentaren. Und dein Gegenüber weiß wahrscheinlich überhaupt nicht, womit er diese unterschwellige Aggression deinerseits verdient hat.

Die Person in der Mitte der Abbildung hat schon eine viel größere Wut, aber immer noch unterhalb der achtzig Prozent. Entweder sind den Tag über noch weitere Wut auslösende Ereignisse hinzugekommen oder es ist etwas Größeres passiert, das diese Menge an Wut ausgelöst hat. Das Störgefühl ist jetzt schon ziemlich groß, die Person ist gereizt und kurz vor dem Wutausbruch. Sie könnte aber immer noch nicht das entsprechende Gefühl benennen, nämlich Wut, und es daher auch immer noch nicht verantwortlich nutzen. Sie würde es wahrscheinlich weiterhin eher umschreiben als »genervt«, »aufgebracht« oder »schlecht drauf«. Erst wenn ihre Wut dann so groß wird, dass sie die achtzig Prozent überschreitet, wie bei der Person rechts im Bild, würde sich die Wut ganz klar Ausdruck verleihen, und zwar explosionsartig in einem Wutausbruch. Wer dann in der Nähe ist und die ganze Ladung abbekommt, hat Pech gehabt. Die Person kann ihre Wut in diesem Stadium nicht mehr kontrollieren, es sei denn, sie hat gelernt, verantwortlich mit ihren Gefühlen umzugehen. Alles, was sich den Tag über angesammelt hat, kommt jetzt unverantwortlich auf den Tisch, egal ob es mit der aktuellen Situation zu tun hat oder nicht. Wenn der Wutausbruch dann irgendwann vorbei ist und sich die Wut quasi entladen hat, tut es der Person meist leid und sie fragt sich: »Wie konnte das passieren? Wie konnte ich so die Beherrschung verlieren? Da muss ich beim nächsten Mal besser aufpassen.« Und schon wird die Taubheitsschwelle noch ein wenig höhergeschraubt oder bei achtzig Prozent noch stärker gesichert.

Unsere Kultur unterstützt die Gefühlstaubheit

Wie ist das bei dir? Wo liegt deine Taubheitsschwelle – insbesondere bei Wut, Traurigkeit und Angst? Bei den meisten Menschen in der westlichen Kultur liegt diese ziemlich hoch – in der Regel tatsächlich bei um die achtzig Prozent – je nachdem um welches Gefühl es sich handelt. Und unsere Kultur lädt uns geradezu dazu ein, nichts zu fühlen und unsere Taubheitsschwelle hochzuhalten. Denn wenn du nichts fühlst, dann bist du leichter zu kontrollieren und zu manipulieren. Wenn du zum Beispiel keine Angst fühlen willst, dann kann die Industrie dir viel mehr Dinge verkaufen, die du nicht brauchst, als wenn es für dich okay wäre, Angst zu fühlen. Die komplette Versicherungsbranche und auch unser System von abhängiger Arbeit würde relativ schnell zusammenbrechen, wenn wir alle keine Angst mehr vor unserer Angst hätten. Das westliche Wirtschafts- und Arbeitssystem basiert aber darauf, dass Menschen als Konsumenten und in ihrer beruflichen Rolle funktionieren. Also unterstützt uns unser herrschendes System dabei, weiter taub zu sein, und stellt uns allerlei Betäubungsmittel zur Verfügung.

Hier nur einige gängige Möglichkeiten, um deine Gefühle zu betäuben und deine Taubheitsschwelle hochzuhalten:

- Essen, zu viel essen, Süßigkeiten und zuckerreiches Essen;
- Rauchen, Alkohol und andere Drogen;
- Fernsehen, Radio hören, ständige Hintergrundgeräusche;
- Computerspiele, Wetten, Internet, Social Media;
- Sich immer beschäftigen, sich ablenken, nie zur Ruhe kommen, zu viel arbeiten (Workaholic);

- Immer in Gesellschaft sein, immer reden, jede Nacht Party feiern;
- Übermäßig Sport treiben, übermäßig Sex haben, Wettkampf;
- Konsum;
- Flach atmen, Gefühle wegatmen, Gefühle herunterschlucken;
- Gefühle wegmeditieren, Gefühle mit positivem Denken überdecken (»Ich habe keine Angst. Ich habe keine Angst. Ich habe keine Angst.«);
- Gefühle analysieren und rationalisieren, sich beherrschen, eine Maske aufsetzen, eine professionelle Rolle annehmen;
- Und vieles mehr.

Hast du deine Favoriten schon entdeckt? Oder fehlen diese vielleicht in der Liste? Wie hältst du dich von deinen Gefühlen fern oder wie hältst du deine Gefühle von dir fern? Ein Freund von mir war jahrelang Raucher. Als er mit der Gefühlsarbeit anfing und lernte, wieder zu fühlen, entdeckte er, dass er das Rauchen tatsächlich dazu benutzt hat, um Intensität und insbesondere Gefühlsintensität zu reduzieren oder ganz zu vermeiden. Einerseits war es das Nikotin, mit dem er seine Gefühle betäubt hat, aber andererseits auch die Notwendigkeit, für das Rauchen den Raum zu verlassen. Immer wenn es intensiv wurde, hatte er so eine Möglichkeit, um sich aus dem Staub zu machen und wieder herunterzukommen. Mittlerweile hat er mit dem Rauchen aufgehört, weil sein System sich an das Fühlen gewöhnt hat. Denn der verantwortliche Erwachsene in ihm hat sich sein Leben lang eigentlich genau nach dieser Art von Intensität gesehnt. Und ich spreche jetzt nicht von den achtzig bis hundert Prozent Gefühlsintensität! Denn, ob du es glaubst oder nicht, wir fühlen fast ständig etwas. Ja genau, gerade jetzt fühlst du mit hoher Wahrscheinlichkeit irgendetwas. Nur sind diese Gefühle meist nicht sehr groß. Vielleicht fühlst du gerade ein wenig Angst und ein bisschen Wut über meine Behauptung. Vielleicht fünf Prozent Angst in Form von: »Oh Gott, ich fühle dauernd etwas? Kann das sein?« Oder sieben Prozent Wut in Form von: »Hey, wie kann die so etwas behaupten? Die kennt mich doch gar nicht!«

Also versteh mich nicht falsch! Es geht nicht darum, die ganze Zeit bei achtzig bis hundert Prozent Wut, Traurigkeit, Angst oder Freude zu sein. Das wäre auf Dauer doch etwas zu intensiv. Nein, darum geht es nicht. Die achtzig bis hundert Prozent brauchen wir nur in Extremsituationen. Zum Beispiel wenn du nachts allein nach Hause gehst und überfallen wirst, dann sind achtzig bis hundert Prozent Wut und Angst sehr, sehr nützlich und könnten dein Überleben sichern – vorausgesetzt, du hast deine Gefühle in Besitz und nicht umgekehrt. Im Alltag helfen dir aber gerade die kleinen und mittleren Gefühlslagen. Allerdings stehen dir diese Helfer nicht zur Verfügung, solange deine Taubheitsschwelle bei achtzig Prozent liegt und du alles, was sich darunter abspielt, nicht fühlst oder identifizieren kannst. Daher liegt ein Ziel der bewussten Gefühlsarbeit darin, deine Taubheitsschwelle Stück für Stück herabzusetzen. Ja, du hast richtig gelesen! Es geht darum, die Gefühlstaubheit immer mehr zurückzuschrauben, sodass du jedes Gefühl schon in geringsten Ausprägungen fühlen kannst. Vielleicht denkst du jetzt: »Oh je, dann flippe ich ja noch früher aus!« Nein, eben nicht. Es kommt dann eben gar nicht erst zum unkontrollierten Gefühlsausbruch, weil du das jeweilige Gefühl schon in geringer Dosis wahrnehmen und es als Signal verantwortlich nutzen kannst.

Ein kleines Beispiel: Ich sitze gerade an meinem Schreibtisch; während ich an diesem Buch schreibe. Und ich fühle fünf bis sechs Prozent Wut und Angst. Und zwar, weil auf meinem Schreibtisch eine ziemliche Unordnung herrscht. Ich bin wütend, weil es so chaotisch aussieht und immer wieder meine Aufmerksamkeit vom Schreiben abzieht. Und ich bin ängstlich, weil sich in dem unordentlichen Haufen Papiere etwas Wichtiges verstecken könnte, wie eine Rechnung, die ich noch bezahlen muss, oder eine Nachricht, die auf meine Antwort wartet. Jetzt, da ich sie identifiziert habe, kann ich diese beiden Gefühle bewusst und verantwortlich nutzen. Die kleine Wut nutze ich dafür, um Klarheit zu schaffen und aufzuräumen. Das geht mit etwas Wut besonders schnell. Die Portion Angst nutze ich dafür, um mir Gewissheit zu verschaffen, dass ich nichts Wichtiges versäumt habe. Jetzt sieht mein Schreibtisch wieder hübsch aus, ich bin sicher, dass ich nichts vergessen habe und ich kann mich mit voller Konzentration dem Schreiben widmen. Und beide Gefühle sind verschwunden. Und ein neues Gefühl taucht auf: Freude, so um die zwölf Prozent.

Gefühlsarbeit heißt, die Taubheitsschwelle bewusst herabzusetzen

Wenn die Taubheitsschwelle durch bewusste Gefühlsarbeit und gleichzeitiges stufenweises Weglassen der Taubmacher-Strategien Stück für Stück herabgesetzt wird, kann die Person in Abbildung auf Seite 79 ihre Wut schon in geringer Dosis fühlen. Nehmen wir mal an, die Person ist dabei, eine wichtige Nachricht per E-Mail zu verfassen. Ihr Partner, gerade von der Arbeit nach Hause gekommen, möchte zur Entspannung etwas Musik hören und startet seine Lieblings-CD. Dadurch entsteht bei der Person vielleicht etwas Wut, weil sie sich nicht mehr so gut konzentrieren kann und es ihr durch die Musik schwerfällt, ihre Gedanken zu formulieren. Sie kann dieses kleine Gefühl also jetzt schon als Wut identifizieren, da ihre Taubheitsschwelle sehr niedrig ist. Und wenn sie durch die Gefühlsarbeit auch gelernt hat, verantwortlich mit ihrer Wut umzugehen, dann könnte sie die zwanzig Prozent Wut nun nutzen, um ihrem Partner eine klare Unterscheidung zu geben und ihm eine Grenze zu setzen: »Schatz, würdest du bitte noch fünf Minuten warten, bevor du Musik hörst, oder die Kopfhörer benutzen? Ich muss noch diese E-Mail fertig schreiben und kann mich nur schwer konzentrieren, wenn dabei Musik läuft. Ich sage dir gleich Bescheid, wenn ich fertig bin.« Der Partner erkennt durch die Klarheit und Kraft in der Aussage die Wichtigkeit und hat deshalb auch kein Problem, der Bitte nachzukommen. So wurde das Gefühl bewusst gefühlt und genutzt und dann verschwindet es auch wieder, weil es seine Aufgabe erfüllt hat. Ist die Gefühlsbarriere hingegen hoch und hat die Person noch nicht gelernt, verantwortlich mit Gefühlen umzugehen, führt die Situation meist zu unausgesprochenem Groll, der sich im Stillen ansammelt, sich langsam aufaddiert und dann irgendwann als volle Ladung ausbricht.

Das Gleiche gilt natürlich auch für die anderen als negativ eingeschätzten Gefühle. Auch Angst und Traurigkeit kannst du unterhalb deiner Taubheitsschwelle nicht als diese identifizieren und damit auch nicht nutzen. Die unerkannte Angst kann sich dann in physischen Symptomen bemerkbar machen, wie Unruhe, feuchte Hände, Durchfall bis hin zu Herzrhythmusstörungen. Oder sie kann sich auch so weit aufaddieren, dass sie irgendwann in einer Panikattacke ausbricht, zum Beispiel dann, wenn

Die Taubheitsschwelle herabsetzen

deine Kontrollmechanismen heruntergefahren werden, nämlich nachts, wenn du schläfst. Oder eben, ähnlich wie bei der Wut, wenn deine Angst durch mehrere angstauslösende Ereignisse hintereinander oder ein großes angstauslösendes Ereignis die Barriere übersteigt. Selbst in Bezug auf das Gefühl Freude kann deine Taubheitsschwelle wirksam sein. Dann fühlst du auch die Freude bewusst erst ab einem bestimmten Prozentsatz, wenn du schon längst himmelhochjauchzend bist.

Vielleicht hast du ja auch schon von dem Phänomen der Hochsensibilität gehört? Von Hochsensibilität spricht man, wenn Menschen zu viel fühlen. Eventuell hast du dir dieses Buch auch deswegen gekauft, weil bei dir Hochsensibilität diagnostiziert wurde oder du die Vermutung hast, du seist hochsensibel? Falls dem so ist: Ich persönlich glaube, dass mit sogenannten hochsensiblen Menschen alles in Ordnung ist. Aus der Perspektive der Taubheitsschwelle bedeutet Hochsensibilität nichts anderes, als dass diese Personen nicht in der Lage sind, ihre Taubheitsschwelle so hoch zu setzen, dass sie genauso gefühlstaub

Hochsensibilität ist keine Krankheit. Die eigentliche Krankheit ist die allgemein herrschende Gefühlstaubheit.

werden wie die meisten ihrer Mitmenschen. Hochsensibilität ist daher keine Krankheit. Hochsensible Menschen sind aus meiner Sicht völlig gesund. Die eigentliche Krankheit ist die allgemein herrschende Gefühlstaubheit in unserer westlichen modernen Kultur. Man könnte sie geradezu als Volkskrankheit bezeichnen. Was hochsensible Menschen eigentlich brauchen, genauso wie Menschen mit einer hohen Gefühlsbarriere, ist ein Training im Umgang mit ihren Gefühlen.

Die Sache mit der Resilienz

In den letzten Jahren ist der Begriff Resilienz immer mehr in Mode gekommen und wird als die Lösung für emotionale Störungen und Probleme gehandelt. In Bezug auf Resilienz herrscht in der Regel aber ein großes Missverständnis! In Wikipedia fand ich folgende Definition: »Resilienz (von lateinisch resilire ›zurückspringen‹, ›abprallen‹, deutsch etwa ›Widerstandsfähigkeit‹) ist die Fähigkeit, Krisen durch Rückgriff auf persönliche und sozial vermittelte Ressourcen zu meistern und als Anlass für Entwicklungen zu nutzen. Die Psychologie geht davon aus, dass die Fundamente dieser ›Widerstandskraft‹ bereits in der Kindheit gelegt werden und es Menschen gibt, die diese Fähigkeit von Natur aus entwickeln. Resilienz wird auch verglichen mit dem Immunsystem der Seele oder mit ›Hornhaut‹ auf der Seele.« So weit, so gut. Ein Teil der Definition auf Wikipedia hat mich dann aber stutzig gemacht. Dort heißt es: »Das Gegenteil von Resilienz ist Vulnerabilität (Verwundbarkeit).« Und hierin liegt das Potenzial für einen Fehlschluss, denn diese Art von Resilienz im Sinne von »Unverwundbarkeit« oder »Unberührbarkeit« kann nämlich auch durch eine hohe Taubheitsschwelle erreicht werden.

Wäre ich in jungen Jahren von einem Psychologen daraufhin untersucht worden, hätte man mir mit Sicherheit Resilienz bescheinigt. Resiliente Kinder werden (laut Wikipedia) von ihren Erziehern beschrieben als anpassungsfähig, belastbar, aufmerksam, tüchtig, gescheit, neugierig und voller Selbstvertrauen. Genauso war ich als Kind, aber auch als Jugendliche und als junge Erwachsene – auch wenn das Selbstvertrauen wohl eher gespielt war, denn ich hatte nicht wirklich welches. Denn tief in mir war die Überzeugung aktiv, nicht gut genug zu sein. Meine ganze Widerstandskraft beruhte also auf nichts anderem, als auf einer ausgeklügelten, vielfach getesteten Überlebensstrategie (inklusive schauspielerischer Fähigkeiten und hoher Taubheitsschwelle), die nichts, aber auch gar nichts mit authentischer Resilienz zu tun hatte. Ich war überaus erfolgreich damit und mein Umfeld beneidete mich um meine positive Einstellung. Ich war allseits beliebt und gerne gesehen, schaffte jede Prüfung und steckte Krisen und schwierige Situationen unglaublich schnell weg – und das im wahrsten Sinne des Wortes. Das ging so lange gut, bis der Ort, an den ich alles wegsteckte, irgendwann voll war. Dann war es erst einmal vorbei mit der Resilienz! Du kannst dir sicher vorstellen, was dann passiert ist.

Meine eigene Erfahrung lässt mich vermuten, dass die in der Psychologie so hochgepriesene Resilienz bei vielen Menschen oftmals genau das ist: Eine als Überlebensstrategie entwickelte überdurchschnittliche Fähigkeit, sich anzupassen, Gefühle zu betäuben und sich dabei selbst und anderen etwas vorzumachen. Es ist ein Unterschied, ob du schwierige Lebenssituationen gut ertragen und wegstecken kannst oder ob du wirklich gelernt hast, damit umzugehen und sie für dein Leben zu nutzen. Ersteres kann erreicht werden, indem du dich so gut wie möglich taub machst und positiv denkst. Authentische, echte Resilienz kann aber nur Letzteres bedeuten. Authentische Widerstandskraft erhältst du also nicht durch eine möglichst hohe Taubheitsschwelle, sondern indem du wieder lernst, zu fühlen und deine Gefühle als Ressource zu benutzen.

Der Mythos, dass Gefühle dich überwältigen können und unkontrollierbar sind, hat also einerseits seine Ursache in dem Phänomen der Taubheitsschwelle an sich. Denn die einzigen Erfahrungen, die du aufgrund einer hohen Taubheitsschwelle mit Gefühlen machen kannst, sind überfordernde Gefühlszustände im oberen Prozentbereich. Und damit wird gleichzeitig der Mythos am Laufen gehalten, dass Gefühle unprofessionell, gefährlich und möglichst zu vermeiden sind. Beides sind quasi sich bedingende und sich gleichzeitig gegenseitig bestärkende Geschichten. Wie ein Teufelskreis, der sich selbst am Laufen hält.

Durch die Befähigung, wieder bewusst zu fühlen, und das Herabsetzen der Taubheitsschwelle, also durch bewusste Gefühlsarbeit, kann dieser Mythos aber relativ schnell entkräftet werden. Denn wenn du einmal in einem sicher gehaltenen Raum hundert Prozent Wut, Angst, Traurigkeit oder auch Freude erfahren und ausgedrückt hast, erhältst du einen neuen Referenzpunkt. Nämlich den, dass du größer bist als jedes deiner Gefühle und dass du, egal wie groß und intensiv das Gefühl ist, jederzeit die Kontrolle darüber behalten kannst. Denn Überwältigung wirst du in Bezug auf Gefühle nur so lange empfinden, solange du nicht gelernt hast, mit Gefühlen umzugehen und solange du Gefühle überhaupt erst ab einem bestimmten Prozentsatz fühlen kannst.

Resilienz ohne Verletzlichkeit ist keine Widerstandskraft, sondern Taubheit.

Genug gelesen – es ist Zeit, wieder auf Entdeckungsreise zu gehen! Beim nächsten Experiment ist es besonders wichtig, dass du wirklich ehrlich zu dir selbst bist! Denn wir Menschen neigen manchmal dazu, uns selbst und auch anderen etwas vorzumachen. Das ist menschlich und nicht allzu verwerflich, aber doch sehr hinderlich, wenn du etwas in deinem Leben zum Positiven verändern willst. Also: ehrlich sein! Nicht schummeln! Und zur Not dein Umfeld um Feedback bitten! Viel Freude und Selbsterkenntnis beim Experiment.

Ausgedienter Mythos

Große Gefühle sind unkontrollierbar und können uns überwältigen.

Neue Unterscheidung

Wir sind größer als jedes unserer Gefühle – egal wie groß das Gefühl ist. Wir sind dazu entworfen, jedes Gefühl bis zu einer Intensität von hundert Prozent zu fühlen, ohne draufzugehen.

Experiment 4: Erkunden der eigenen Taubheitsstrategien

In diesem Experiment geht es um deine persönliche Taubheitsschwelle. Wenn du das Kapitel gelesen hast, nimm dir ein wenig Zeit, um für dich selbst Folgendes zu reflektieren:

Reflexionsaufgabe 1

Gibt es typische Situationen, in denen du dich taub machst, um keine Gefühle hochkommen zu lassen? Wenn ja, welche Situationen sind das?

Das könnte zum Beispiel immer dann sein, wenn du allein zu Hause bist. Oder immer dann, wenn du Feierabend hast und von der Arbeit zurückkommst. Es könnte auch die Zeit sein, bevor du abends schlafen gehst. Oder wenn dir langweilig ist oder du eine Herausforderung meistern musst. Halte einfach nach Situationen Ausschau, in denen du zu Süßigkeiten, Zigaretten oder Alkohol greifst, den Fernseher anmachst oder dein Handy zückst.

Reflexionsaufgabe 2

Die zweite Reflexionsaufgabe dieses Experiments betrifft deine persönlichen Betäubungsstrategien.

Was sind deine bevorzugten Mittel, um deine Taubheitsschwelle hochzuhalten? Wie schaffst du es, möglichst wenig mit deinen Gefühlen konfrontiert zu werden?

Schreibe dir die gewonnenen Erkenntnisse zu beiden Reflexionsaufgaben auf.

Und dann beobachte dich selbst eine Weile bewusst im Alltag. Wenn du zu Süßigkeiten, Alkohol oder Zigaretten greifst, frage dich selbst einfach: »Warum meine ich, das jetzt zu brauchen? Kann es sein, dass ich damit ein Gefühl betäuben möchte? Was fühle ich gerade?« Geh einfach eine Zeit lang ganz bewusst mit den von dir notierten Betäubungsmitteln um, lasse sie, wann immer es dir möglich ist, weg und beobachte, was dann passiert.

Mythos Nr. 5:
Gefühle überfallen uns und wir können nichts dagegen tun

Durch die Tatsache bedingt, dass wir Gefühle in der Regel negativ bewerten und unterdrücken und auch nicht lernen, mit ihnen umzugehen, sind die meisten Menschen nicht in der Lage, sie bewusst auszudrücken oder verantwortlich zu nutzen. Dadurch, dass du schon in der Kindheit lernst, deine Gefühle wegzupacken und zu ignorieren, um zu überleben, bleibt deine Gefühlswelt quasi in den Kinderschuhen stecken. Deine Gefühle und dein Gefühlsausdruck haben so nicht die Möglichkeit, mit dir zu reifen und erwachsen zu werden. Da Gefühle aber einen Teil deines Menschseins ausmachen und, wie bereits gesagt, kein zufälliger Designfehler der Schöpfung sind, verschwinden Gefühle nicht einfach, nur weil du dich taub machst. Sie sind deine ständigen Begleiter und schwelen daher im Untergrund deines Unterbewusstseins. Oder sie kommen, wenn sie über deine Taubheitsschwelle hinausschießen, in einer Form zum Ausdruck, die du nicht unbedingt beabsichtigst, wie beispielsweise dass du beleidigt bist, deine Kinder anschreist oder nicht mehr mit deinem Partner sprichst.

Das Niedere Drama – der gewohnte alltägliche Wahnsinn

Dadurch, dass unsere Gefühle nicht mit uns reifen können, fühlen wir auch als Erwachsene meist noch auf eine kindliche Art und Weise und drücken Gefühle unbewusst und unverantwortlich aus. Und dann entsteht das, was im Possibility Management »Niederes Drama« genannt wird. Wahrscheinlich schwant es dir schon, worum es beim Niederen Drama geht – der Name ist verheißungsvoll. Das Niedere Drama basiert auf dem sogenannten Dramadreieck aus der Transaktionsanalyse von Eric Berne

(2002). Du musst dich nicht mit der Transaktionsanalyse auskennen, um das Folgende zu verstehen. Ich nenne hier nur den Ursprung und die Quelle. Trotzdem ist die Transaktionsanalyse sehr interessant und wenn du mehr über menschliches Verhalten und menschliche Interaktion wissen willst, lohnt es sich, sich damit zu befassen. Aber zurück zum eigentlichen Thema.

Stephen Karpman, ein Schüler von Eric Berne, hat irgendwann herausgefunden, dass die meisten zwischenmenschlichen Interaktionen eine Art Spiel zwischen drei typischen Hauptcharakteren darstellen – zwischen Täter, Opfer und Retter (Karpman 2015). Schalte den Fernseher ein und du wirst es auf allen Kanälen sehen. Es wird in Wohnzimmern gespielt, genauso wie in Büroetagen, im Kabinett oder auch auf globaler Ebene. Es gibt immer den Bösen, den Schuft, der an allem Schuld hat. Zweiter im Bunde ist das arme Opfer, das nichts dafür kann und unter dem Bösewicht zu leiden hat. Und der dritte Kandidat ist natürlich der strahlende Retter, der sich um das arme Opfer kümmert. Kommt dir das bekannt vor?

Dramadreieck nach Dr. Stephen Karpman

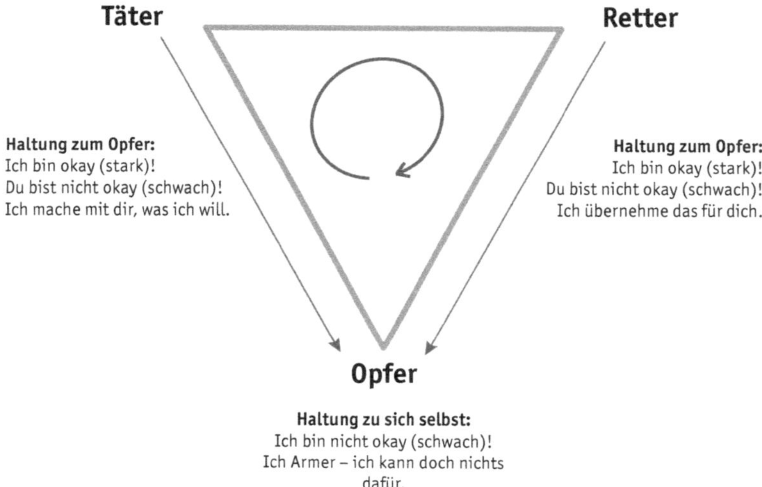

Wenn du dir dieses Dramadreieck genauer ansiehst, wirst du feststellen, dass es zwei Rollen gibt, die einen hohen Status besitzen – Täter und Retter sind im Dreieck oben platziert – und eine Rolle, die sich im sogenannten Tiefstatus befindet, das Opfer. Der Täter fühlt sich dem Opfer überlegen, weil er sich für stärker hält (Ich bin stark/Ich bin okay – Du bist schwach/Du bist nicht okay! Also mach ich mit dir, was ich will). Aber auch der Retter fühlt sich dem Opfer überlegen, weil er sich für stärker hält (Ich bin stark/Ich bin okay – Du bist schwach/Du bist nicht okay! Also übernehme ich das für dich). Das Opfer fühlt sich hingegen klein und schwach (Ich bin so schwach/Ich bin nicht okay! Ich kann nichts dafür! Ich Armer!) – dem Täter ausgeliefert und auf die Hilfe des Retters angewiesen.

Niederes Drama ist ein unbewusstes und unverantwortliches Spiel. Wie komme ich zu dieser Aussage? Ganz einfach deshalb, weil kein Spieler in diesem Spiel wirklich Verantwortung übernimmt, auch die Ergebnisse dieses Spiels unverantwortlich sind und wir diese Ergebnisse im Grunde auch nicht erzeugen wollen. Die Sache mit der Unverantwortlichkeit würde ich gerne etwas genauer erklären. Dazu muss ich einen weiteren Abstecher in die Transaktionsanalyse machen. In der Transaktionsanalyse werden unterschiedliche sogenannte Ego-Zustände beschrieben, aus denen heraus menschliche Interaktion geschieht. Es gibt das sogenannten Kind-Ich, das Erwachsenen-Ich und das Eltern-Ich. Letzteres wird nochmals unterteilt in das kritische Eltern-Ich und das fürsorgliche Eltern-Ich (Berne 2002).

Ego-Zustände aus der Transaktionsanalyse

nach E. Berne

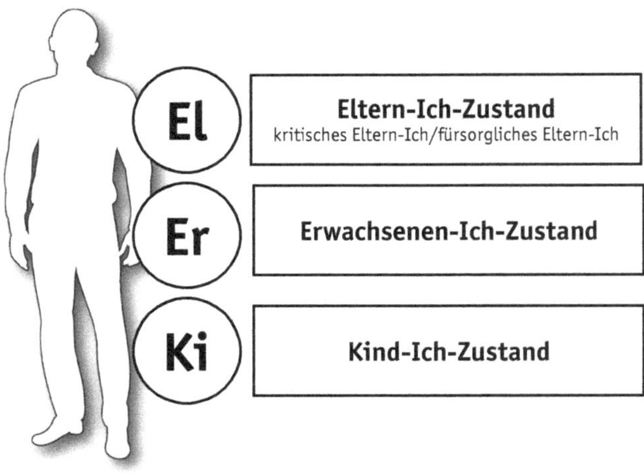

Wenn du diese Ego-Zustände auf das Dramadreieck anwendest, kannst du den drei Rollen auch den entsprechenden Ego-Zustand zuordnen: Der Täter handelt aus dem kritischen Eltern-Ich heraus, der Retter aus dem fürsorglichen Eltern-Ich und das Opfer aus dem Kind-Ich. Keiner der drei handelt aus dem erwachsenen Ego-Zustand heraus! Allerdings kannst du nur im erwachsenen Ego-Zustand bewusst, verantwortlich und authentisch handeln und auf Augenhöhe mit anderen kommunizieren. Das Eltern-Ich und das Kind-Ich sind konditionierte Verhaltensweisen, die du irgendwann in deiner Vergangenheit als Überlebensstrategie übernommen oder entwickelt hast. Wenn du aus deinem Kind-Ich heraus reagierst, machst du dich selbst unbewusst klein. Und wenn du aus deinem Eltern-Ich heraus reagierst – egal ob aus dem kritischen oder fürsorglichen Eltern-Ich – stellst du dich unbewusst über den anderen und machst ihn klein. Das tiefer liegende Ziel dabei ist immer dasselbe: Überleben! Das Problem im Niederen Drama ist, dass bei dieser Interaktion niemals Probleme gelöst werden, sondern dass es immer nur zu weiteren Erwartungen, Beschuldigungen, Misstrauen und verhärteten Fronten führt. Das meine ich mit unverantwortlichen Ergebnissen. Es ist zudem üblich, dass während der Interaktion im Niederen Drama die Rollen ständig wechseln. Das heißt im Klartext, das Opfer oder auch der Retter werden zum Täter und der Täter wird zum Opfer und so weiter. Eine Dynamik, die uns sehr vertraut ist!

Hier ein nachvollziehbares Beispiel aus dem Alltag: Du hast vielleicht gerade mit deinem Liebsten zu Mittag gegessen und willst nun einen schönen, romantischen Nachmittag mit ihm verbringen. Und mir nichts, dir nichts findest du dich in einem Streit wieder, weil er das Geschirr nicht richtig in die Spülmaschine eingeräumt hat. Es gibt deiner Ansicht nach nur eine richtige Art und Weise, die Spülmaschine einzuräumen – nämlich deine! Du hast es ihm schon mehrfach erklärt, dass mehr Geschirr in die Maschine passt, wenn er mit dem Einräumen hinten in der Maschine anfängt und nicht vorne. Und wieder hat er die Gläser vorne eingeräumt anstatt hinten. Du fühlst dich zunächst als Opfer seiner Unaufmerksamkeit und wechselst unverzüglich in die Täterrolle, indem du ihn beschimpfst: »Mann, wie oft habe ich dir schon gesagt, dass du mit dem Einräumen hinten anfangen sollst? Hörst du mir überhaupt zu, wenn ich mit dir rede?« Er fühlt sich nun als Opfer deines Angriffs, geht daher in die Opferrolle und gibt zurück, dass er ja nur helfen wollte: »Hey, warum giftest du mich jetzt so an? Ich wollte dir doch nur helfen!« Er wechselt dann aber sofort in die Täterrolle und beschuldigt dich, dass du so pingelig bist, dass man es dir sowieso nie recht machen könne. Dann fühlst du dich wiederum als Opfer und beginnst zu weinen, weil du dich jetzt ungerecht behandelt fühlst. Du knallst die Spülmaschine zu und ziehst dich beleidigt ins Wohnzimmer zurück. Vielleicht rufst du deine Freundin an und beschwerst dich bei ihr über deinen Partner und deine Freundin nimmt die Retterrolle ein und versucht dich zu beschwichtigen und zu trösten. Wenn sie anfängt, mit dir zusammen über deinen Partner zu schimpfen, wechselt auch sie in die Täterrolle. Und so weiter und so weiter und so weiter. An einen romantischen Nachmittag ist nun nicht mehr zu denken und du weißt gar nicht, wie es dazu kommen konnte. Irgendwie hat alles mit einem Satz begonnen und dann wurden alle Beteiligten wie in einen Strudel in diese unheilvolle Interaktion hineingezogen. Einer von euch beiden hat wahrscheinlich am Ende recht behalten und scheinbar gewonnen, aber insgesamt fühlt es sich eher wie Verlieren an. Kommt dir das bekannt vor? Das ist Niederes Drama.

Niederes Drama entsteht durch unbewusstes Ausagieren von Gefühlen

Aber was hat das Ganze denn nun mit Gefühlen zu tun, fragst du dich jetzt vielleicht? Tja, jetzt wird es interessant! Denn wenn du mal die vier Gefühle hernimmst und die drei Charaktere im Dramadreieck, wirst du erkennen, dass jeder der Charaktere eines der Grundgefühle nutzt, aber eben unbewusst und damit auch unverantwortlich.

Am leichtesten ist das Gefühl zu benennen, welches der Täter unbewusst nutzt. Versetze dich einfach mal kurz in Täter-Stimmung! »Ich habe recht und du bist einfach nur dämlich. Wie kann man nur so blöd sein! Wo ich es dir doch schon hundertmal gesagt habe. Mein Gott, wie oft muss ich dich noch daran erinnern? ...« Na, welches Gefühl? Es ist unverantwortliche Wut. Der Täter im Niederen Drama benutzt das Gefühl Wut unbewusst und unverantwortlich, um recht zu haben, um sich besser zu fühlen, um seinen Kopf durchzusetzen, um den anderen kleinzumachen, um seine Machtposition zu untermauern und um keine Verantwortung zu übernehmen. Im Täter-Modus sagst du nicht »Ich fühle mich wütend, weil ich ...« – das wäre ein bewusster und verantwortlicher Ausdruck deiner Wut und du würdest von dir selbst sprechen. Nein, im Täter-Modus greifst du die andere Person an, beschuldigst sie, benutzt sogenannte Du-Botschaften und wirst im schlimmsten Falle sogar handgreiflich, weil du dich überlegen und im Recht fühlst und der andere nur zu dumm oder unwillig ist, es zu begreifen. Im Täter-Modus artet die unbewusste Wut schnell in Aggression aus.

Solange wir nichts über Gefühle lernen, kann unsere Gefühlswelt nie erwachsen werden.

Und nun zum Opfer. Welches Gefühl benutzt das Opfer wohl unbewusst für sein Rollenspiel? Am besten, du versetzt dich auch einmal kurz in Opfer-Stimmung. »Menno, immer ich. Keiner liebt mich. Alle hacken nur auf mir herum. Ich kann doch gar nichts dafür. Ich habe es doch nur gut gemeint. Ich wollte doch nur, ... Ich bin so dämlich. Ich kapier das nie! ...« Und? Kannst du das entsprechende Gefühl identifizieren? Es ist die unverantwortliche Traurigkeit – die Opfer-Traurigkeit. Das Opfer im Niederen Drama nutzt unverantwortliche Traurigkeit, um Mitleid und Aufmerksamkeit zu bekommen, um keine Verantwortung übernehmen zu müssen, um sich kleinzumachen, um sich zu rechtfertigen oder Ausreden zu produzieren, um emotional zu manipulieren und Schuldgefühle zu erzeugen und um der moralisch Bessere zu sein. Im Opfer-Modus sagst du nicht: »Ich fühle mich traurig, weil ich ...« – das wäre ein bewusster und verantwortlicher Ausdruck deiner Traurigkeit und du würdest dich dabei nicht als Opfer von irgendjemandem ausgeben. Nein, im Opfer-Modus jammerst du, du versuchst, dich zu rechtfertigen oder Ausreden zu benutzen, du schmollst und bist beleidigt und stellst dich nach außen als schwach und ohnmächtig dar, weil der andere dir das antut.

Dann kommen wir mal zum Dritten im Bunde, dem Retter. Hier ist es gar nicht so einfach, das entsprechende Gefühl zu identifizieren. Aber wenn du einfach mal daran denkst, was Retten im unverantwortlichen Sinne bedeutet, wird es klarer. Retten aus dem fürsorglichen Eltern-Ich-Zustand heraus heißt, jemandem zu helfen, weil du ihm nicht zutraust, dass derjenige es selbst schafft. Der Retter bevormundet das Opfer ungefragt. Warum tut der Retter das? Erinnere dich: »Ich bin stark – du bist schwach! Ich übernehme das für dich!« Der Retter springt in die Bresche, weil er Angst hat, dass das Opfer es nicht hinbekommt, denn er hält das Opfer ja für schwach. Die Retterrolle klingt also ungefähr so: »Oh je, du Armer! Das ist ja furchtbar. Hier, trink erst mal einen Tee. Der hat das bestimmt nicht so gemeint. Jetzt schlaf einmal drüber und dann wird alles wieder gut. Denk einfach nicht mehr dran. Hast du ihm schon mal gesagt, dass er so nicht mit dir reden kann? Ich rede mal mit ihm, okay?« Der Retter im Niederen Drama nutzt seine unbewusste Angst unverantwortlich, um es dem anderen recht zu machen, um der Situation aus dem Weg zu gehen, um sich besser und wichtig zu fühlen, um sich selbst aus der Schusslinie zu nehmen, um den Konflikt nicht aushalten zu müssen, damit alles schnell wieder gut wird. Im Rettermodus sagst du nicht: »Ich fühle mich ängstlich, weil ich ...« – das wäre ein bewusster und verantwortlicher Ausdruck deiner Angst und du würdest bei dir und deinem Gefühl bleiben. Nein, im Rettermodus bist du beschäftigt, Lösungen zu generieren, den anderen zu beschwichtigen, ihm Dinge aus der Hand zu nehmen, ihn zu bevormunden, damit möglichst schnell wieder gute Stimmung herrscht und du alles unter Kontrolle hast.

Um Missverständnisse zu vermeiden, möchte ich dir hier noch eine kleine Unterscheidung geben. Wenn jemand im Fluss am Ertrinken ist und um Hilfe ruft (oder auch nicht, weil es ihm nicht mehr möglich ist) und du ihm ungefragt hilfst, handelt es sich nicht um Retten im Sinne des Niederen Dramas! Es handelt sich hierbei um einen Notfall, der tödlich enden könnte! Beim Niederen Drama hingegen geht es um eine bestimmte unbewusste Haltung gegenüber dem Opfer (Ich bin besser als du. Du kriegst das sowieso nicht hin. Bevor du etwas falsch machst, mache ich es lieber selbst.) und um die daraus entstehende Bevormundung, indem du dem Opfer alles aus der Hand nimmst und das Opferspiel mitspielst. Authentische Großzügigkeit und Freundlichkeit fallen auch nicht unter die Kategorie Niederes Drama!

Täter – Wut. Opfer – Traurigkeit. Retter – Angst. Und wo bitte ist beim Niederen Drama das vierte Gefühl, die Freude, abgeblieben? Ja, die Freude ist ebenfalls vorhanden, aber eben auch in unbewusster und unverantwortlicher Form. Bei allem Gejammere und Gemeckere hat das Niedere Drama nämlich trotzdem so seinen Reiz. Wir beschuldigen, wir jammern, wir streiten darum, wer recht hat, und manchmal gewinnen wir diesen Streit oder sind überzeugt davon, dass der andere uns etwas angetan hat. Es gibt einen Teil in uns, der liebt das Niedere Drama und die Aufregung und Intensität, die darin enthalten sind und die wir manchmal mit Lebendigkeit verwechseln. Es ist mal laut, mal dramatisch, mal unsäglich nervig, es ist immer etwas los. Es fühlt sich intensiv an. Allerdings ist der Preis, den wir für diese Art von Lebendigkeit bezahlen, ziemlich hoch. Denn diese Art der Interaktion zerstört Intimität, Beziehung und erzeugt niemals Lösungen. Dennoch gibt es einen Teil in uns, der dieses Drama genießt. Würden wir sonst ständig dieses Spiel spielen – mit anderen und auch mit uns selbst? Ja, du kannst Niederes Drama auch ganz einfach mit dir selbst spielen, ohne irgendeinen Mitspieler. Das funktioniert wunderbar! Es läuft einfach in deinem Kopf ab. Zum Beispiel so: Du versuchst, etwas zu reparieren, beispielsweise irgendein Küchengerät, und ein Plastikteilchen bricht dabei versehentlich ab. Und schon gehen die Stimmen in deinem Kopf los. Dein innerer Täter sagt: »Mein Gott, bist du dämlich! Du hast schon wieder nicht richtig aufgepasst! Hätte ich dir doch gleich sagen können, dass du das nicht hinkriegst – mit deinen zwei linken Händen!« Dein inneres Opfer sagt: »Oh Mann. Immer passiert mir das. Ich bin einfach zu ungeschickt und zu nichts zu gebrauchen!« Und dein innerer Retter gibt zu bedenken: »Ach komm, das kann doch jedem mal passieren. Ist doch nicht so schlimm. Wir ersetzen einfach das abgebrochene Teil und dann probierst du es noch einmal.« Dann schaltet sich wieder dein innerer Täter ein und sagt: »Ja, ja, wir haben es ja dicke auf dem Konto! Wenn du besser aufgepasst hättest, wäre das nicht passiert!« Und so weiter und so weiter. Kennst du das? Höchstwahrscheinlich. Dieser innere Dialog kann Stunden dauern und bringt deine Stimmung irgendwann auf den Nullpunkt. Und wenn wir es selbst nicht spielen, dann schalten wir einfach den Fernseher an und sehen anderen dabei zu, wie sie es spielen. In unzähligen Serien, Soaps, Diskussionsrunden und anderen Sendungen geht es um nichts anderes als um Niederes Drama. Ist dir das bewusst? Wie bereits erwähnt, wird es in Wohnzimmern, am Nachbarszaun, in Büros und Chefetagen ebenso gespielt wie in der Wirtschaft und Weltpolitik. Wir können offensichtlich gar nicht genug davon bekommen.

Der Reiz des Niederen Dramas – die unbewusste Freude

Aber es ist nur ein bestimmter Teil in uns, der nicht genug davon bekommen kann. Es ist der Teil in uns, der keine Verantwortung übernehmen möchte, der sich gerne durchmogelt, sich herausredet und anderen gerne eins auswischt. Es ist ein Teil, der uns in der Regel nicht bewusst ist. Daher ist es ein Leichtes für diesen Teil, auch unsere Gefühle unbewusst für seine Zwecke zu nutzen – insbesondere dann, wenn wir sie unterdrücken und uns taub machen. Es gibt unterschiedliche Begriffe für diesen Teil in dir: dein Schattenanteil, dein Dämon, deine Unterwelt oder dein innerer Schweinehund. Im Possibility Management wird dieser Teil einfach »Gremlin« genannt, in Anlehnung an den Film *Gremlins – kleine Monster*. Kennst du diesen Film aus den Achtzigern? In dem Film geht es um kleine, kuschelige, pelzige Tierchen, die eigentlich ganz süß sind und zunächst harmlos erscheinen. Wenn sie allerdings nach Mitternacht gefüttert werden, verwandeln sie sich in Gremlins, wütende kleine Monster, die rücksichtlos alles zerstören und eine ganze Stadt ins Chaos stürzen. Dein Gremlin ist nichts anderes als der König deiner persönlichen Unterwelt. Und dein Gremlin liebt Niederes Drama, er ernährt sich davon, denn er hasst Verantwortung. Und dieser Teil lebt das Gefühl der Freude aus, wenn Niederes Drama abläuft – unbewusste, unverantwortliche Freude. Dafür haben wir in der deutschen Sprache sogar ein eigenes Wort: Schadenfreude. »Hähähä, ich habe recht und du hast unrecht. Ich habe dir eins ausgewischt. Ich habe gewonnen! Du bist der Dumme.« Oder: »Na warte, ich werd's dir zeigen. Dafür werde ich mich rächen!« Das ist die Stimme deines Gremlins, die im Hintergrund zu hören ist, wenn Niederes Drama abläuft und alle Beteiligten ihre Gefühle unbewusst und unverantwortlich nutzen. Als Kinder haben wir dabei dem anderen noch eine lange Nase gemacht und ihn verspottet. Erinnerst du dich? Das Gleiche läuft unbewusst auch heute noch im Erwachsenenalter ab. Nur dass wir die lange Nase dann nicht mehr mit unseren Händen nach außen deutlich machen.

Niederes Drama im Possibility Management

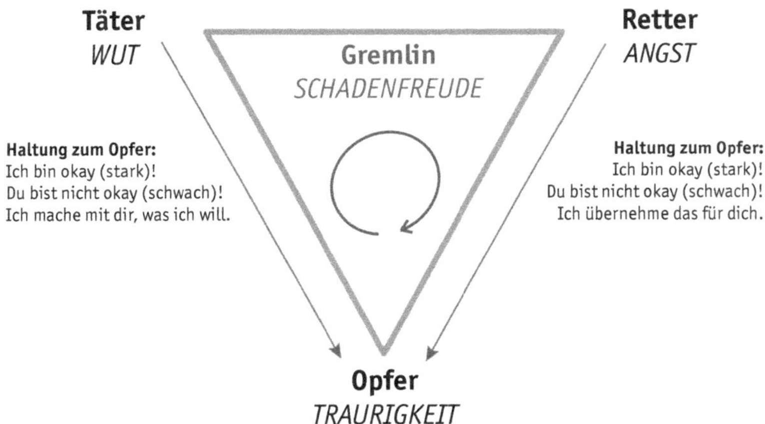

Wenn du dir noch einmal die drei Charaktere aus dem Dramadreieck anschaust, gibt es einen Charakter, der die größte Macht in dem Spiel hat, weil er das Spiel am Laufen hält. Rate doch mal, welcher Charakter es ist. Na, was meinst du? Täter, Retter oder Opfer? Interessanterweise ist es der Charakter, der auf den ersten Blick am schwächsten erscheint. Es ist tatsächlich das Opfer. Warum, fragst du dich jetzt vielleicht? Ja, warum eigentlich? Ganz einfach: Ohne Opfer funktioniert dieses Spiel einfach überhaupt nicht. Du kannst wunderbar Niederes Drama nur mit Täter und Opfer spielen – da muss nicht unbedingt ein Retter dabei sein. Du kannst auch wunderbar Niederes Drama nur mit Retter und Opfer spielen. Ja, wirklich, das funktioniert! Zum Beispiel so: »Oh je, wie siehst du denn heute aus? Du wirst doch nicht etwa krank werden? Komm, ich mache dir eine heiße Zitrone.« Wenn das Opfer jetzt darauf anspringt, braucht es keinen zusätzlichen Täter mehr. Ohne, dass jemand die Opferrolle übernimmt, funktioniert das Niedere Drama allerdings nicht. Das heißt, das Opfer ist der Dreh- und Angelpunkt der Interaktion. Ohne Opfer kein Niederes Drama. Und egal, wer mit der Interaktion beginnt – Täter, Retter oder Opfer – wenn das Opfer aus der Opferhaltung aussteigt oder gar nicht erst mitmacht, dann gibt es auch kein Niederes Drama. Daher liegt beim Opfer auch die größte Macht.

Opfer sein beinhaltet aber auch einen großen Nutzen – und dieser Nutzen ist uns ebenfalls meist nicht bewusst. Denn bewusst würdest du wahrscheinlich von dir behaupten, dass du kein Opfer sein willst. »Du Opfer!«, wird heutzutage als Schimpfwort benutzt. Niemand von uns möchte als schwach angesehen werden. Aber erinnere dich: Niederes Drama ist ein unbewusstes Spiel – dir ist in dem Moment nicht bewusst, dass du aus der Position des Opfers, Täters oder Retters heraus handelst und deine

Gefühle unbewusst auslebst. Aber zurück zum Nutzen des Opfers. Welchen Nutzen hast du davon, wenn du Opfer im Niederen Drama bist? Interessanterweise gibt es nicht nur einen Nutzen, sondern gleich mehrere. Ja, Opfer sein lohnt sich in vielfacher Hinsicht – zumindest auf den ersten Blick. Da ist zunächst einmal die viele Aufmerksamkeit, die das Opfer bekommt. In Bezug auf den Täter ist dies zwar negative Aufmerksamkeit, aber immerhin. Besser als nichts! Aufmerksamkeit ist nämlich immer verbunden mit Energie. Und Energie ist eine kostbare Währung. Und vom Retter bekommt das Opfer ebenfalls Aufmerksamkeit, also auch Energie in Form von Mitleid und Einsatzbereitschaft. Im besten Falle muss das Opfer gar nichts mehr tun, denn der Retter nimmt ihm alles ab. Opfer sein ist weiterhin vorteilhaft, weil du dir einreden kannst, dass du nichts dafür kannst, du keine Schuld hast und daher auch keine Verantwortung trägst. Opfer sein fühlt sich zwar meist bescheiden an, ist aber auch mächtig bequem. Der Täter oder die Umstände sind schuld an der Misere, da kannst du einfach nichts machen (außer darüber jammern und beleidigt sein). Daher giltst du als Opfer auch meist als der moralisch Bessere. Und es gibt noch einen weiteren, nicht zu vernachlässigenden Vorteil als Opfer. Wenn du als Opfer beweisen kannst, dass der andere dir das angetan hat, hast du das Recht, dich zu rächen. Ja genau – Rache! Und dann kommt Dynamik ins Spiel. Sobald das Opfer diesen Vorteil ausspielt, wechselt es in die Rolle des Täters; der Täter geht in die Rolle des Opfers und das Ganze geht hin und her und spitzt sich zu, bis einer weint oder beleidigt das Zimmer verlässt und die Türe hinter sich zuschlägt. Wir bleiben im Niederen Drama ja nicht in einer Rolle, sondern wechseln andauernd und das in Sekundenschnelle und ohne, dass wir uns darüber bewusst sind. Wenn du also aus dem Niederen Drama aussteigen willst, müsstest du bewusst auf diesen Nutzen, den du als Opfer hast, verzichten.

Niederes Drama resultiert aus einem unbewussten und unverantwortlichen, ja eigentlich kindlichen Umgang mit deinen Gefühlen und der Tatsache, dass dein Schattenanteil, dein Gremlin, sich unter anderem von Niederem Drama ernährt. Die Resultate, die dabei erzeugt werden – Streit, beleidigt sein, sich als Opfer fühlen, Groll, Rache üben, Schuldgefühle erzeugen oder haben, Scham, Eifersucht – bestätigen dich wiederum in dem Glauben, dass Gefühle nicht okay sind. Und durch die Dynamik des Niederen Dramas, die sich anfühlt wie ein Strudel, in den du hineingezogen wirst, und die gleichzeitige Unbewusstheit darüber, hast du den Eindruck, dass du von Gefühlen übermannt wirst und gar nichts dagegen tun kannst. Dies ist ein weiterer Aspekt des Teufelskreises, der mit der kulturell konditionierten Geschichte über Gefühle beginnt. Du hast gelernt, dass Gefühle negativ sind. Daraus folgt, dass du dir eine hohe Taubheitsschwelle zulegst und deine Gefühle ins Unbewusste verbannst. Dadurch verschwinden Gefühle aber nicht einfach, sondern treten unbewusst zutage. Dein Umgang mit Gefühlen kann nicht mit dir reifen und erwachsen werden. Der unverantwortliche Teil in dir, der ebenfalls im Unbewussten agiert, hat so leichtes Spiel, diese unbewussten Gefühle für seine Zwecke einzusetzen. Er erzeugt Niederes Drama, um Verantwortung zu vermeiden. Und aufgrund der Unbewusstheit, in der dieses Spiel abläuft, hast du keinen Einfluss darauf und erzeugst so Resultate, die du eigentlich nicht erzeugen willst – und gibst wiederum den bösen Gefühlen die Schuld.

Weder die anderen noch die Umstände sind für unsere Gefühle verantwortlich – sondern immer wir selbst.

Du siehst also: Auch dieser Mythos ist selbst gemacht, produziert durch unseren Glauben, dass Gefühle nicht okay sind, und durch die Tatsache, dass wir nicht lernen, mit Gefühlen umzugehen. Durch Gefühlsarbeit kannst du lernen, bewusst und verantwortlich mit deinen Gefühlen umzugehen und sie bewusst und verantwortlich zu nutzen, sodass du gar nicht erst in Niederes Drama einsteigen musst. Du würdest ebenfalls lernen, dass nicht der andere oder die Umstände für deine Gefühle verantwortlich sind, sondern **immer** du selbst.

Ausgedienter Mythos

Gefühle überfallen uns und wir können nichts dagegen tun.

Neue Unterscheidung

Erst durch Bewusstheit über unsere Gefühle und über unsere Schattenseite erhalten wir die Wahl, unsere Gefühle verantwortlich zu nutzen und damit die Resultate zu erzeugen, die wir erzeugen möchten.

Experiment 5: Mein alltägliches Niederes Drama

Wir alle spielen unbewusst dieses Spiel. Es funktioniert wie ein altes Computerprogramm. Jemand drückt auf deinen roten Knopf und los geht's. Meist merkst du erst im Nachhinein, dass da eine Drama-Interaktion abgelaufen ist – wenn überhaupt. Es kann aber auch sein, dass du noch stunden-, tage- oder ein Leben lang beleidigt bist oder den anderen weiterhin für einen Blödmann hältst. Wie sagte meine Mutter immer: »Selbsterkenntnis ist der erste Schritt zur Besserung!« Wie recht sie doch hatte. Dieses Experiment besteht genau darin: Selbsterkenntnis und Bewusstwerdung.

Dazu biete ich dir drei Fragen zur Selbstreflexion an. Nimm dir wieder etwas Zeit und beantworte die Fragen möglichst aufrichtig. Wichtig: Es kann schnell passieren, dass du dich selbst dafür verurteilst, dass du Niederes Drama spielst. Versuche, dies in diesem Experiment bewusst zu vermeiden (sonst bist du nämlich schon wieder mittendrin und spielst Niederes Drama mit dir selbst!). Eine sinnvolle Herangehensweise besteht darin, das Experiment in der Haltung eines neugierigen Forschers zu machen, der ganz wertfrei herausfinden will, wie das Universum funktioniert. Und wenn du allein als Forscher bei der Beantwortung der Fragen nicht weiterkommst – hier sind die eigenen blinden Flecken nämlich oft besonders groß – empfiehlt es sich, auch mal die Menschen in deinem Umfeld zu befragen. Die können dir in der Regel ein erstaunlich präzises Feedback dazu geben, wie du persönlich Niederes Drama spielst. Und auch hier gilt: Achtung Drama-Alarm! Bitte nimm nichts persönlich, was du dann hören wirst, und widerstehe der Versuchung, dich zu rechtfertigen.

Immerhin hast du ja um Feedback gebeten und du wolltest doch wertfrei herausfinden, wie das Universum funktioniert. Okay?

Und hier sind sie, deine drei Fragen zu deinem persönlichen Alltagsdrama:

- Wann und mit wem spiele ich Niederes Drama?
- In welchen Situationen in meinem Leben fühle/fühlte ich mich als Opfer?
- Welches ist meine Lieblingsrolle im Niederen Drama und warum?

Mythos Nr. 6: Gefühle können krank machen; Menschen, die zu viel fühlen, sind krank

Wie sieht es nun mit den Gefühlsmischungen aus, die ich zu Beginn des Buches erwähnt habe? Nimmt man da einfach ein bisschen Wut und ein bisschen Angst und mischt sich daraus einen leckeren Cocktail? Ganz genauso ist es – wir mixen uns einen Tequila Sunrise, unten rot und oben gelb –, nur dass der Cocktail im Falle von Wut und Angst wohl eher Hysterie heißt und bei Weitem nicht so gut schmeckt wie ein Tequila Sunrise. Es ist dabei eher so, als ob du Erdbeersaft mit Kleister mischen würdest – beides macht für sich allein wirklich Sinn, aber gemischt ergibt es einfach nur ekligen und braunen Schleim, der zu nichts nütze ist. Übertragen auf die Gefühlswelt entsteht dabei unklarer, hartnäckiger Gefühlsschleim. Das heißt, wenn du Gefühle vermischst – und das passiert ziemlich oft, wenn wir uns über unsere Gefühle nicht bewusst sind –, dann geht die Klarheit verloren und damit auch die Kraft und die Möglichkeit, zu handeln. Die Vermischung von Gefühlen kann zudem auch zu unterschiedlichen Symptomen führen, die in der derzeit herrschenden wissenschaftlichen Lehrmeinung als psychische Störungen und deshalb als Krankheiten gelten. Lass uns nun die einzelnen Gefühlscocktails mal genauer ansehen und du wirst merken, dass du bestimmte Mischungen bereits gut kennst.

Vermischungen von zwei Gefühlen

Vermischung von Wut und Traurigkeit

Wenn du zum Beispiel Wut mit Traurigkeit vermischst, dann kann das, was dabei herauskommt – je nachdem, wie das Mischungsverhältnis aussieht – eine saftige Depression sein. Bei bestimmten Arten von Depression fühlt es sich an, als würdest du auf Gas und Bremse gleichzeitig stehen. Das erzeugt einerseits Druck und andererseits Lähmung. Welches Gefühl dabei für welchen Teil zuständig ist, ist glaube ich selbsterklärend. In der Psychologie ist die Depression eine anerkannte psychische Störung, die in den meisten Fällen mit Antidepressiva behandelt wird. Was aber nicht die Möglichkeit ausschließt, dass eine Depression tatsächlich aus der Vermischung von zwei Gefühlen entstehen kann. Meine Erfahrung in den letzten fünfzehn Jahren hat mir auf jeden Fall gezeigt, dass Menschen ihre Depression durch bewusste Gefühlsarbeit, die auch das Trennen der Gefühle beinhaltet, losgeworden sind – und zwar ohne Medikamente. Stell dir das mal vor! Wie vielen Menschen könnte geholfen werden, indem sie etwas über ihre Gefühle lernen und eine Zeit lang aktiv und bewusst Gefühlsarbeit betreiben. Ich hoffe, dass viele Menschen mit Depressionen dieses Buch lesen! Aber weiter im

Text. Ein weiterer Wut-Traurigkeit-Mix ist zum Beispiel der Trotz. Denke nur mal an ein trotziges Kind, das im Supermarkt unbedingt ein Eis möchte, die Eltern haben aber Nein gesagt. Das Kind macht seinen (gemischten) Gefühlen lautstark (Wut) und unter Tränen (Traurigkeit) Luft: »Ich will aber ein Eis! Oh menno, nie kriege ich was. Das ist so gemein. Ihr seid so gemein! Uuuhuuuhuu!« Hier findet neben der Vermischung von Wut und Traurigkeit auch noch unbewusster und unverantwortlicher, kindlicher Gefühlsausdruck (Täter und Opfer gleichzeitig) statt, der dann mit ziemlicher Sicherheit, wie könnte es anders sein, im Niederen Drama endet.

Wir Frauen verstecken unsere Wut oft hinter Traurigkeit, weil Traurigkeit für Frauen in unserer Gesellschaft noch okay ist, während Wut bei Frauen eher als Zickigkeit bewertet wird. Dieser Eindruck entsteht natürlich auch dadurch, dass die unterdrückte Wut sich unbewusst ihren Weg nach draußen bahnt und sich dann oftmals als emotionale Täter-Wut in ständigem Gemeckere ausdrückt. Dieses verinnerlichte Wut-Verbot führt oft dazu, dass Frauen, wenn sie wütend sind, anfangen zu weinen und ihre Wut mit Traurigkeit vermischen. Dadurch kommt ihre Botschaft dann aber trotzig beim Gegenüber an oder ihre Wut wirkt dann eher weinerlich, sodass die Klarheit, die eigentlich in der Wut steckt, verloren geht. Auch hier führt die Vermischung eher in ein unkonstruktives Drama als in eine klare Kommunikation.

Und auch hier noch mal, um Missverständnisse zu vermeiden: Du kannst jederzeit alle Gefühle nebeneinander fühlen und gleichzeitig Klarheit darüber haben. Und solange Klarheit vorhanden ist, kannst du die verschiedenen Gefühle eben auch verantwortlich nutzen. Sind deine Gefühle aber vermischt, entsteht

Gefühlschaos und du kannst die Information und die Kraft deiner Gefühle nicht bewusst nutzen.

Dazu habe ich ein sehr anschauliches Beispiel aus meinem eigenen Leben. Bei der Trennung von meinem ersten Mann verfiel ich in einen Zustand der Depression. Die Trennung kam für mich sehr überraschend – quasi über Nacht. Ich gab wie so häufig an einem Wochenende einen Workshop und als ich am Sonntagabend nach Hause kam, war mein Mann einfach ohne vorherige Ankündigung ausgezogen. Er selbst, alle seine Sachen und ein Teil der Möbel waren weg – einfach so, ohne Vorwarnung! Er hatte nach vierzehn Jahren Beziehung einfach nicht den Mut gehabt, mir die Wahrheit zu sagen, nämlich dass er sich in eine andere verliebt hatte und sich von mir trennen wollte. Nach dem ersten Schock kam die Depression. Ich lag tagelang auf dem Sofa, weinend weil meine Welt von einem Moment auf den anderen zusammengebrochen war, und konnte mich nicht mehr bewegen. Ich fühlte mich innerlich wie gelähmt und war nicht handlungsfähig. Und was soll ich sagen? Gott sei Dank hatte ich zu diesem Zeitpunkt schon den Zugang zu meinen Gefühlen und auch die verschiedenen Techniken der Gefühlsarbeit zur Verfügung. Dass sich in dieser Situation eine Menge Gefühle gleichzeitig in mir abspielten, ist wohl leicht nachzuvollziehen. Und diese Gefühle waren größtenteils vermischt. Ich hatte gelernt, dass eine Depression häufig auf eine Vermischung von Gefühlen zurückzuführen ist – nämlich von Wut und Traurigkeit. Also machte ich mich daran, meine Gefühle Schicht für Schicht voneinander zu trennen, so wie ich es in der Gefühlsarbeit gelernt hatte. Dies führte nach einiger Zeit dazu, dass ich meine Gefühle wieder bewusst, differenziert und klar fühlen konnte.

Ich war so wütend darüber, wie sich mein Ex-Mann, nachdem wir vierzehn Jahre zusammengelebt hatten, einfach so mir nichts, dir nichts aus dem Staub gemacht hatte. Ich war wütend über die Respektlosigkeit seines Handelns mir gegenüber. Ich war wütend darüber, dass er mich bewusst ins Messer laufen ließ, ohne die kleinste Vorwarnung. Ich war wütend darüber, dass er mir lediglich einen Abschiedsbrief zurückließ und mir keine Möglichkeit geben wollte, mit ihm zu sprechen. Er wollte erst mal Gras über die Sache wachsen lassen, bevor es ein Gespräch geben sollte. Und gleichzeitig war ich natürlich tieftraurig darüber, dass unsere Beziehung auf einmal vorbei sein sollte. Tieftraurig darüber, dass er nicht mehr an meiner Seite war und seine Liebe jetzt einer anderen gehörte. Tieftraurig darüber, dass ich nichts gemerkt hatte oder vielleicht auch nicht merken wollte, dass es mit unserer Beziehung nicht zum Besten stand und dass vierzehn glückliche Jahre auf einmal ihr Ende fanden. Und neben Wut und Traurigkeit entdeckte ich natürlich auch noch eine riesige Portion Angst, da ich keine Ahnung hatte, wie es denn jetzt weitergehen sollte.

Und mit dieser inneren Klarheit, die ich durch das Trennen der Gefühle auf einmal hatte, war ich wieder in der Lage, zu handeln. Ich nutzte meine Wut, um in die Gänge zu kommen, und fand über einen gemeinsamen Freund heraus, wo mein Ex-Mann sich aufhielt. Ich fuhr zu ihm hin, klingelte und konfrontierte ihn mit meiner Wut. Ich weiß nicht mehr genau, was ich sagte, aber wenn ich heute daran zurückdenke, fühle ich immer noch die Bestimmtheit, mit der ich ihm damals gegenüberstand. Ich sagte so etwas, wie: »Ich möchte jetzt sofort mit dir sprechen und du wirst dir anhören, was ich zu sagen habe und wirst es aushalten, denn ich bin sehr wütend über die Art, wie du gegangen bist!« Ich konnte meine Wut in diesem Moment auf eine ziemlich verantwortliche und erwachsene Weise ihm gegenüber ausdrücken und ihm eine klare Grenze setzen. Und meine Wut wurde von ihm gehört – er ließ sich davon treffen, ohne zu sterben. Und nachdem sie ausgedrückt und gehört war, verflog die erste Welle an Wut und ich konnte mich aktiv auf den dann folgenden Trauerprozess einlassen. Die Depression und die Lähmung verschwanden relativ bald. Und durch die bewusste Arbeit mit den Gefühlen während dieser Trennungszeit dauerte es genau vierzehn Monate, bis ich alle Phasen des Trauerns durchlaufen hatte und mich wirklich auf eine neue Partnerschaft einlassen konnte. Ohne diese Arbeit wäre ich vermutlich entweder verrückt geworden oder es hätte sehr viel länger gedauert, um durch diese Krise hindurchzukommen. Der ungelöste Groll hätte mich wahrscheinlich noch jahrelang mit meinem Ex-Mann verbunden und mich nicht offen sein lassen für eine neue, völlig andere Art von Verbindung.

Vermischung von Traurigkeit und Angst

Lass uns nun den nächsten Gefühlscocktail genauer betrachten. Wenn du Traurigkeit mit Angst vermischst, dann kannst du in einen Gefühlszustand der Isolation oder Verzweiflung geraten. Du fühlst dich dann vielleicht gänzlich ohnmächtig und hilflos. Auch das kann eine Form von Depression ergeben. Allerdings würdest du hier mit beiden Füßen auf dem Bremspedal stehen und somit würde die Zerrissenheit fehlen, die du bei der Vermischung von Wut und Traurigkeit empfindest. Wenn du Angst und Traurigkeit vermischst, dann ziehst du dich in der Regel zurück in dein Schneckenhaus und vermeidest jeden Kontakt nach außen. Der Alltag wird sehr schwer und alles wird zu einer Last. Und je länger diese Vermischung dauert, desto schwieriger wird es für dich, in Aktion zu treten.

Vermischung von Wut und Angst

Die nächste interessante Mischung ergibt sich aus Wut und Angst. Wenn du Wut und Angst vermischst, dann wird deine Stimme in der Regel sehr schrill. Hysterie oder Panik sind die Folge dieser Vermischung. Sehr anschaulich kannst du diese Mischung bei Tieren beobachten, wenn diese sich in die Ecke gedrängt fühlen. Dann kommt es zu hysterischen Panikreaktionen. Das hast du sicher schon mal bei einer Katze oder einem Hund beobachten können – die Zähne sind gefletscht und der Schwanz eingezogen. Wut und Angst erzeugen vermischt unüberlegte Kurzschlussreaktionen und eine unglaubliche Spannung im Körper. Auch hier ist ein eher nach außen gerichtetes Gefühl (Wut) vermischt mit einem eher nach innen gerichteten Gefühl (Angst), das zu dem oben erwähnten Gas-und-Bremse-gleichzeitig-Empfinden führen kann. Nur, dass die Spannung hier sehr viel größer ist als bei der Vermischung von Wut und Traurigkeit.

Vermischung von Wut und Freude

Wenn du Wut und Freude vermischst, kann so etwas entstehen wie Schadenfreude oder Sadismus. Auch Ironie oder Sarkasmus fallen in diese Kategorie. Du bist wütend auf eine andere Person und freust dich, wenn diese Person Schaden erleidet. Durch die Vermischung kannst du beide Gefühle eben nur dann (vermischt) fühlen, wenn der andere leidet oder wenn du ihm eins auswischen kannst.

Vermischung von Freude und Traurigkeit

Eine weitere Zweiermischung an unserer Gefühlscocktailbar ist die Mischung von Freude und Traurigkeit. Nimm einfach mal eine Portion Traurigkeit und eine Portion Freude und mische sie gründlich. Was daraus entsteht ist Nostalgie, Wehmut oder Melancholie. Du hängst mit deinen Gedanken und deinen Gefühlen in der Vergangenheit fest und willst sie nicht loslassen, weil die Situation damals so schön war. »Ach, wäre es schön, wenn es wieder so wäre wie früher. Ach, könnte ich doch noch einmal ...« Durch die Vermischung der beiden Gefühle ist es nicht möglich, die Klarheit und Kraft aus beiden Gefühlen zu ziehen, nämlich die Freude über das Erlebte und die Traurigkeit als Kraft, um das Alte wirklich gehen zu lassen und offen für neue Erfahrungen zu sein. Stattdessen hält dich die Vermischung weiter und weiter im Alten fest und du kannst neue Erfahrungen nicht genießen, weil du diese ständig durch den Filter der Nostalgie betrachtest.

Vermischung von Angst und Freude

Die letzte Zweiermischung besteht aus Angst und Freude. Na? Hast du die beiden schon mal vermischt? Ich würde wetten, ja! Lampenfieber ist eine leichte Form dieser Vermischung. Und wenn du gerne Bungee jumpst, über Hausdächer läufst oder aus Flugzeugen springst, ist dir diese Vermischung sicher auch bestens bekannt. Freude und Angst vermischt kann zu Leichtsinn, Übermut bis hin zu manischem Verhalten führen. Durch die Vermischung wird oftmals der eigentliche Nutzen der Angst, nämlich dich wach zu halten und vorsichtig vorzugehen, außer Kraft gesetzt. Die Vermischung lässt dich dann manchmal zu weit gehen. Verliebtheit ist übrigens ebenfalls eine Vermischung aus Angst und Freude. Ja, genau, das Kribbeln im Bauch hat nichts mit Liebe zu tun. Es stammt einfach aus der Vermischung dieser beiden Gefühle. Daher ist es auch normal, dass die Schmetterlinge irgendwann verschwinden, wenn die Beziehung reift und die Aufregung des Neuen langsam nachlässt.

Vermischung von drei Gefühlen

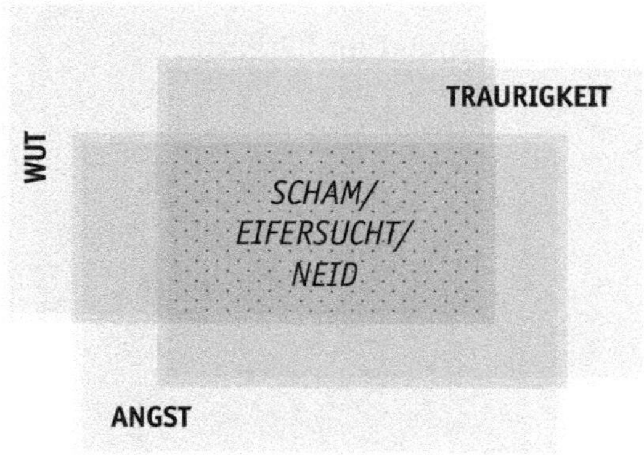

Es ist durchaus auch möglich, mehr als zwei Gefühle zu vermischen. Dann wird die Unklarheit in dir einfach noch größer und du fühlst dich noch mehr in diesem emotionalen Mischzustand verstrickt und gefangen. Typische Beispiele für die Vermischung von drei Gefühlen – zum Beispiel Wut, Angst und Traurigkeit – sind Scham, Eifersucht oder Neid, der ja nur eine andere Form von Eifersucht darstellt. Warst du schon einmal eifersüchtig? Dann hast du wahrscheinlich Wut gefühlt darüber, dass dein Partner seine Aufmerksamkeit auf jemand anderen richtet als auf dich. Wut auch auf die andere Person, die es wagt, dir deinen Partner abspenstig zu machen. Die Traurigkeit könnte durch den Gedanken entstehen, dass dein Partner die andere Person vielleicht lieber mag als dich oder dass er dich sogar gar nicht mehr liebt. Und die Angst? Ganz klar! Bei Eifersucht ist auch die Angst sehr groß, den Partner an die andere Person zu verlieren. Und wenn diese Gefühle dann eben vermischt sind und nicht auf eine erwachsene und verantwortliche Weise ausgesprochen und gehört werden, ist dem Niederen Drama Tür und Tor geöffnet. Streit und Misstrauen bestimmen dann die Beziehung, du fängst vielleicht an, herumzuschnüffeln und nach Beweisen zu suchen, hegst Groll und fühlst dich, gelinde gesagt, bescheiden. Du drehst dich im Kreis und kommst nicht mehr so einfach aus diesem Zustand heraus.

Ein weiterer typischer Dreiermix ist die Scham. Hier sind es auch Wut, Traurigkeit und Angst, die vermischt werden. Stell dir vor, du musst in deiner Firma eine Präsentation halten und hast aus Versehen vergessen, den Reißverschluss deiner Hose zuzumachen, oder dein Rocksaum hat sich in deiner Strumpfhose verfangen und jedes Mal, wenn du dich umdrehst, ertönt leises Kichern hinter dir. Eigentlich ist das ja nicht schlimm, das kann jedem einmal passieren. Und trotzdem steigt dir die Schamesröte ins Gesicht, wenn du bemerkst, was der Auslöser für die Heiterkeit war. Du würdest am liebsten im Erdboden versinken. Die Wut kann hier entweder gegen dich selbst gerichtet sein (Wie kann ich nur so dämlich sein, nicht vor meinem Auftritt noch mein Outfit zu checken? So was kann auch nur mir passieren!)

oder auch gegen die lachende Menge. Gleichzeitig bist du traurig über die Schmach und darüber, dass sich andere über dich lustig machen. Und nicht zuletzt erzeugt eine solche Situation auch Angst. Nämlich die Angst, nicht gut genug zu sein, sich lächerlich gemacht zu haben und ab jetzt mit diesem Makel gebrandmarkt zu sein. Brené Brown, eine bekannte Sozialforscherin, sagt: »Scham ist die Angst, nicht zu genügen und daher ausgeschlossen zu werden« (Brown 2017). Genau dahin geht die Angst in der Scham-Gefühlsmischung. Und gleichzeitig fühlst du eben nicht nur Angst, wenn du dich schämst, sondern eben mindestens noch ein oder sogar zwei andere Gefühle. Scham basiert auf der tiefen inneren Überzeugung, nicht gut genug oder nicht richtig zu sein. Und diese Überzeugung resultiert aus Konditionierung, meist durch Erziehung oder traumatische Erlebnisse in der Kindheit. Es handelt sich also nicht um ein primäres Grundgefühl. Ähnlich ist es bei Schuldgefühlen, die ebenfalls einen Dreiermix darstellen. Der Unterschied zur Scham besteht darin, dass du beim Schuldgefühl überzeugt bist, etwas Falsches oder Verwerfliches getan zu haben, während du bei der Scham überzeugt davon bist, dass du als Person nicht gut genug bist. Schuld bezieht sich auf dein Handeln – Scham auf deine Person.

Es gibt sicher noch andere Dreiermischungen, welche auch das Gefühl Freude beinhalten. Hier lohnt es sich, noch weiter zu forschen.

Vermischung von vier Gefühlen

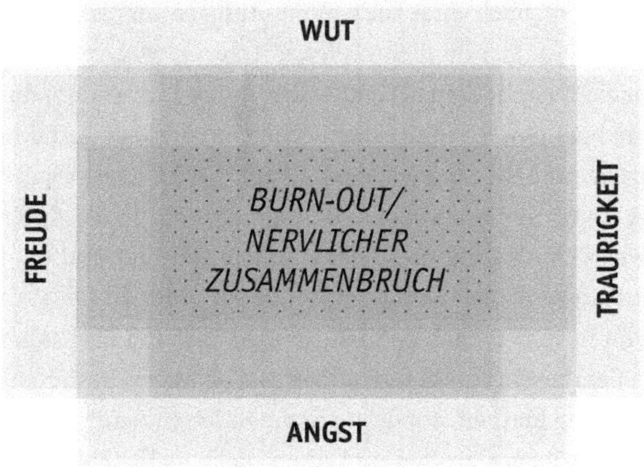

Es gibt allerdings noch eine Steigerung. Kaum vorstellbar, oder? Aber es gibt ihn wirklich, den Gefühlsmischungssupergau, bei dem wir alle vier Gefühle miteinander vermischen. Und der kommt gar nicht so selten vor, wie du dir das vielleicht vorstellst. Dieser Zustand ist gerade sogar auf dem Vormarsch. Wenn du eine hohe Taubheitsschwelle hast, deine Gefühle unterdrückst und nur unbewusst fühlst und sie daher auch vermischst, kann dies über kurz oder lang zu einem Burn-out führen oder irgendwann sogar zum nervlichen Zusammenbruch. Da du weder die Informationen nutzen kannst, welche deine Gefühle dir zur Verfügung stellen, noch die Kraft, die sie liefern, und du gleichzeitig noch jede Menge Energie aufwendest, um deine Taubheitsschwelle hochzuhalten und weiter zu funktionieren, ist es kein Wunder, wenn dein System irgendwann die Waffen streckt und aufgibt. Dann geht einfach nichts mehr. Nehmen wir die vermischten Gefühle beim Burn-out einmal bewusst auseinander. Wenn du in einem

Burn-out-Zustand bist, dann fühlst du dich vielleicht wütend, weil du immer mehr auf deiner To-do-Liste hast und dein Chef dir vielleicht noch eine zusätzliche Aufgabe aufgedrückt hat. Gleichzeitig fühlst du dich vielleicht traurig, weil du gar keine Zeit mehr hast für deine Familie oder für die Tätigkeiten, die dir Freude bereiten. Du fühlst dich vielleicht verzweifelt und hoffnungslos, weil du das alles nicht mehr schaffst, und vermischst dabei Angst und Traurigkeit. Und gleichzeitig fühlst du Freude, weil dein Chef dir diese neue Aufgabe zutraut und du dich dadurch geehrt oder wertgeschätzt fühlst. Oder du freust dich, dass du in vier Wochen endlich ein paar Tage frei hast. Aber da diese Gefühle vermischt und unbewusst ablaufen, hast du überhaupt keine Klarheit, sondern nur einen fetten Gefühlsklumpen in dir, der immer größer wird, dich nicht mehr schlafen lässt und abwechselnd Panikattacken und Zeiten tiefer Depression mit Handlungsunfähigkeit auslöst, bis du vielleicht meinst, verrückt zu werden. Wo das langfristig hinführen kann, kannst du dir denken.

Depression, Hoffnungslosigkeit, Verzweiflung, Handlungsunfähigkeit, Unfähigkeit, Entscheidungen zu treffen, Angstattacken und Burn-out sind also oftmals darauf zurückzuführen, dass du …

1. gelernt hast und glaubst, dass Gefühle nicht in Ordnung sind;
2. aus diesem Grund eine hohe Taubheitsschwelle installiert hast, um nicht zu fühlen;
3. daher Gefühle nur unbewusst und unverantwortlich fühlst und ausdrückst und

Gefühle sind keine Krankheit! Es ist die unbewusste Vermischung von Gefühlen, die für gefüllte Wartezimmer von Therapeuten sorgt.

Teufelskreis Gefühlskonditionierung

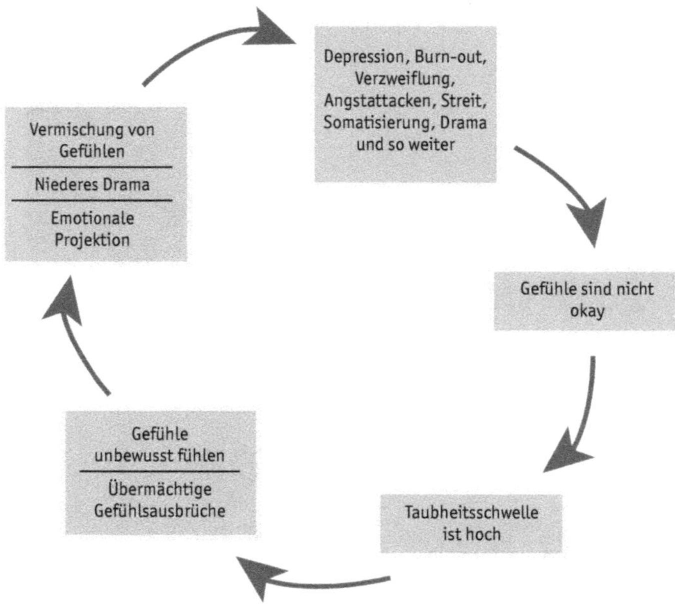

4. Gefühle unbewusst vermischst, bis nur noch unklares und unüberwindliches Gefühlschaos in dir herrscht, welches irgendwann so groß wird, dass deine Taubheitsschwelle nicht mehr hält.

Die meisten Menschen landen an dieser Stelle entweder bei einem Psychotherapeuten (oder auf dessen Warteliste) oder in einer psychosomatischen Klinik und werden zunächst einmal mit Psychopharmaka behandelt. Diese haben die Aufgabe, die Gefühle, die jetzt immer wieder die Taubheitsschwelle überschreiten, zu dämpfen – quasi eine chemische Ersatz-Taubheitsschwelle. Dies kann in der akuten Situation durchaus sinnvoll sein, damit der Patient überhaupt wieder handlungsfähig wird oder wieder schlafen kann. Der Patient funktioniert wieder halbwegs. Allerdings wird damit die Ursache nicht aus dem Weg geräumt. Und wenn der Patient bei der Psychotherapie nicht ebenso lernt, seine Sichtweise auf Gefühle zu verändern, Gefühle in ihrer Reinform zu fühlen und im nächsten Schritt auch bewusst und verantwortlich zu nutzen, ist in der Regel eine lange psychotherapeutische Behandlung über Jahre zu erwarten, die zwar teilweise nützlich ist, aber durch bewusste Gefühlsarbeit sehr viel effektiver gestaltet werden könnte, weil diese direkt an einer der Ursachen ansetzt.

Bewusste Gefühlsarbeit im durch Psychopharmaka gedämpften Zustand gestaltet sich allerdings teilweise schwierig, da es in diesem Fall für den Klienten nicht so einfach ist, an die eigenen Gefühle wirklich heranzukommen. Hier beißt sich die berühmte Katze in den Schwanz und verdeutlicht die Problematik, dass in unserer Gesellschaft Gefühle als Krankheit gelten und Menschen, die an zu vielen Gefühlen leiden, als Patienten, die mit Medikamenten behandelt werden müssen. Die eigentliche Krankheit ist aber die in unserer Gesellschaft herrschende Geschichte über Gefühle und die Stigmatisierung von Gefühlen als unnützes, unprofessionelles Relikt der Vergangenheit, das vielleicht noch Kindern zugestanden werden darf.

In der bewussten Gefühlsarbeit gibt es eine einfache Technik, mit der du vermischte Gefühle entmischen kannst, sodass Klarheit über die einzelnen Gefühle, die in der Mischung enthalten sind, entsteht. Dabei spielen alle vier Körper eine Rolle. In der Gefühlsarbeit wirst du dazu angeleitet, deinen physischen Körper nach vermischten Gefühlen zu scannen. Das Ergebnis ist meist sehr präzise. Der Klient kann normalerweise relativ genau sagen, wo in seinem physischen Körper dieses vermischte Knäuel an Gefühlen sitzt. Im nächsten Schritt wirst du von deinem Coach dazu angeleitet, die dort sitzenden Gefühle bewusst auseinanderzuziehen und voneinander zu trennen, ohne im Voraus schon zu wissen, um welche Gefühle es sich dabei handelt. Das hört sich jetzt vielleicht relativ simpel und unspektakulär an. Das ist es einerseits auch – andererseits handelt es sich dabei um sehr intensive, tiefgehende Arbeit, die mit physischer Anstrengung und dem Einsatz deiner Stimme einhergeht. So werden Ebene für Ebene die Gefühle entmischt und voneinander getrennt, bevor dann mit jedem Gefühl einzeln gearbeitet wird. Die Klarheit, die dadurch im und beim Klienten entsteht, ist nicht nur spürbar, sondern auch sichtbar. Oftmals liegen unterhalb der Gefühlsvermischung uralte unausgedrückte Gefühle aus der Vergangenheit begraben. Die Gefühlsvermischung wirkt dabei wie ein festsitzender Deckel auf einer Flasche, damit der alte traumatische Schmerz nicht wieder zum Vorschein kommen kann. Durch die Entmischung wird der Weg zu diesen alten Emotionen dann wieder frei und diese können in der Gefühlsarbeit bewusst geheilt werden. Psychologen könnten hierin die Gefahr einer Retraumatisierung und damit einer Verschlimmerung des emotionalen Zustands sehen. Dazu möchte ich nur eines sagen: Retraumatisierung ist nicht das Problem! Retraumatisierung ist Teil der Lösung. Die Angst vor Verschlimmerung basiert auf der versteckten Annahme, dass der Klient immer noch über die gleichen Ressourcen verfügt wie zum Zeitpunkt der traumatischen Erfahrung. Und das ist in den meisten Fällen eben nicht so, da viele dieser Erfahrungen aus der Kindheit stammen. Du hast jetzt viel mehr Ressourcen und lebst in anderen Umständen als früher. Und wenn du gleichzeitig lernst, verantwortlich mit deinen Gefühlen umzugehen, ist durch diese Arbeit echte Heilung möglich – aber dazu braucht es eben zunächst Bewusstheit.

Meine persönliche Erfahrung und die Erfahrung mit vielen Teilnehmern meiner Trainings und Coachings, die durch bewusste Gefühlsarbeit aus ihrer Depression oder ihrem Burn-out aussteigen konnten und wieder handlungsfähig und lebendig wurden, sind für mich Beweis genug, dass der Mythos von den krank machenden Gefühlen überholt ist. Unter ihnen waren sogar diagnostizierte Borderliner, die durch die Gefühlsarbeit mit dem Ritzen und der Selbstverletzung aufgehört haben. Nicht unsere Gefühle machen uns krank, sondern – und es tut mir leid, wenn ich mich wiederhole – der gesellschaftlich konditionierte unbewusste Umgang mit unseren Gefühlen macht uns krank. Wie oft habe ich von Teilnehmern und Klienten, die bereits lange psychotherapeutische Behandlungen hinter sich hatten, nach einem Gefühlsprozess das Feedback gehört: »Wow, so weit bin ich in Jahren der psychotherapeutischen Behandlung niemals gekommen.« Also vergiss die Geschichte, dass Gefühle dich krank machen. Und falls du an Symptomen wie Depression, Burn-out, Hypersensibilität oder Panikattacken leidest, könntest du die Perspektive einnehmen, dass nicht die Gefühle an sich das Problem sind, sondern dass die Symptome durch das ständige Unterdrücken von Gefühlen herrühren könnten. Durch den nicht erlernten und daher unbewussten Umgang mit Gefühlen. Ich will nicht behaupten, dass es immer so ist. Es gibt sicher auch Fälle, in denen die psychische Störung anders gelagert ist. Und dennoch lohnt es sich, diesen alternativen Weg zumindest auszuprobieren, denn es könnte sein, dass deine Beschwerden sich allein dadurch bessern. Schaden kann der Weg dir in keinem Falle – du wirst auf jeden Fall deine emotionale Kompetenz entscheidend verbessern und lernen, vermischte Gefühle zu entmischen.

So, jetzt waren wir lange genug an der Gefühlscocktailbar. Es wird Zeit für das nächste Experiment. Dabei geht es darum, mal die kleinen, subtilen Gefühle zu erforschen, die im Hier und Jetzt durch irgendetwas bei dir ausgelöst werden. Dabei wirst du die Erfahrung machen, dass es möglich ist, mehrere Gefühle gleichzeitig über dieselbe Sache zu empfinden, ohne die Gefühle zu vermischen. Viel Spaß!

Ausgedienter Mythos

Gefühle können krank machen. Menschen, die zu viel fühlen, sind krank.

Neue Unterscheidung

Authentische Gefühle in ihrer Reinform machen nicht krank und sind auch keine Krankheit. Wenn wir allerdings Gefühle vermischen, geht die Klarheit verloren und die Kraft, die im bewussten Fühlen steckt, ist nicht mehr zugänglich. Durch langfristige Vermischung von Gefühlen können Zustände wie Depression, Burn-out oder Panikattacken begünstigt werden.

Experiment 6: Erforschung von subtilen Gefühlen im Hier und Jetzt

Setze dich in dem Raum, in dem du dich gerade befindest, bequem hin und atme dreimal tief ein und aus. Entspanne dich. Du kannst das Experiment auch mit einem Partner durchführen. Falls ja, setzt euch einfach gegenüber voneinander hin. Das Experiment geht über mehrere Stufen:

Stufe 1

Frage dich selbst oder lass dir von deinem Partner die Frage stellen: »Was fühlst du gerade und warum?«

Und dann horche in deinen emotionalen Körper hinein und sprich aus, welches der vier Gefühle du gerade fühlst und was der Grund für dieses Gefühl ist. Zum Beispiel: »Ich fühle etwas Angst, weil ich unsicher bin, ob ich das Experiment richtig mache. Und ich fühle Freude, weil ich hier mit dir dieses Experiment mache.« Drücke alle Gefühle aus, die du gerade fühlst. Wenn du möchtest, kannst du die Frage auch noch einmal wiederholen (lassen): »Was fühlst du jetzt gerade und warum?«

Nach ungefähr drei Minuten könnt ihr entweder die Rollen tauschen, oder, wenn du allein bist, die nächste Stufe des Experiments beginnen.

Stufe 2

Verändere nun etwas in dem Raum, in dem du dich befindest. Am besten funktioniert es, wenn du etwas veränderst, was du normalerweise nicht tun würdest. Du könntest beispielsweise ein Bild an der Wand verschieben, sodass es schief hängt. Oder, wenn die Tür zu dem Raum normalerweise geschlossen ist, diese einen Spalt öffnen. Du könntest deine Uhr mal an das ungewohnte Handgelenk binden oder auf deinem Tisch bewusst Unordnung schaffen oder etwas Wasser auf dem Tisch vergießen. Irgendetwas, das dich triggert. Und dann fragst du dich wieder oder lässt dich fragen: »Was fühlst du jetzt und warum?« Und dann lass dich überraschen, was an Gefühlen hochkommt – aber bleibe immer bei den vier Grundgefühlen Wut, Angst, Traurigkeit und Freude. Die Antwort sollte immer in folgender Form formuliert werden: »Ich fühle … (Wut, Angst, Traurigkeit oder Freude), weil …«

Sprich der Reihe nach alle Gefühle aus, die durch diese Veränderung in dir entstehen.

Du kannst dann so viele Runden machen, wie du möchtest, und immer wieder etwas im Raum verändern. Falls du mit Partner arbeitest, wechselt zwischendrin einfach immer die Rollen, sodass dein Partner auch seine Gefühle erforschen kann.

Dieses Experiment ist eine Übung im bewussten inneren Navigieren von Gefühlen. Es versetzt dich in die Lage, mit der Zeit immer besser deine Gefühle – auch wenn sie nur subtil sind – voneinander zu unterscheiden und getrennt voneinander zu fühlen. Außerdem lernst du die Information, die in dem jeweiligen Gefühl steckt, zu identifizieren – das ist der Weil-…-Teil.

Mythos Nr. 7: Gefühle vernebeln uns den Blick und rauben uns Energie; sie verhindern, dass wir klare, vernünftige Entscheidungen treffen

Nachdem du nun weißt, was es dir schwer macht, deine Gefühle wirklich zu nutzen, möchte ich dich einladen, mit mir auf eine Entdeckungsreise in unbekanntes Gebiet zu kommen. Ein Gebiet, welches in unserer modernen Kultur bisher nur von den mutigsten Menschen erkundet wurde, deren Entdeckungen auch nur sehr langsam in unser kulturelles Bewusstsein eindringen. Ich spreche vom Territorium des bewussten Fühlens. Und auch du wirst bald zu diesem Menschenkreis der Mutigen gehören, denn du hast dir dieses Buch gekauft und hast dich schon bis hierhin durchgekämpft. Und? Hast du auch die Übungen gemacht? Nicht schwindeln! Wenn du zu Scham- oder Schuldgefühlen neigst, könnten diese sich jetzt gerade in dir ausbreiten. Falls ja, kannst du diese getrost vergessen, denn es liegt in deinem eigenen Ermessen, wie du dieses Buch gebrauchst. Immerhin hast du ja dafür bezahlt. Du kannst es also auch als Fächer für warme Tage, als Unterlage für deinen wackelnden Tisch oder als Fliegenklatsche benutzen. Ist ganz allein deine Entscheidung!

Um dieses neue Territorium bereisen zu können, gibt es eine wichtige Voraussetzung. Du musst die altbekannte, konditionierte Annahme in Bezug auf Gefühle, nämlich dass Gefühle nicht okay sind, zur Seite legen und bewusst eine neue Perspektive einnehmen.

Eine neue Perspektive in Bezug auf Gefühle einnehmen

Die neue Annahme, mit der wir nun Gefühlsneuland betreten wollen, lautet:

Gefühle sind neutrale Kräfte, die uns wichtige Informationen und Motivation zum Handeln liefern.

Es lohnt sich, diesen Satz mehrfach zu lesen, denn es steckt jede Menge Weisheit darin. (Du kannst dir diesen Satz auch herausschreiben und an deinen Spiegel im Badezimmer kleben, damit er so richtig seine Wirkung entfalten kann.) Wie gesagt, jede Menge Weisheit.

Unterscheidung Nummer 1: Gefühle sind neutral!

Die neue Annahme besteht also darin, dass Gefühle weder negativ noch positiv sind, sondern so neutral wie die Richtungen auf einem Kompass. Die Richtungen auf einem Kompass sind weder negativ noch positiv, aber sehr nützlich, denn sie zeigen dir an, wo du stehst oder in welche Richtung du dich bewegen musst. In der neuen Annahme gehen wir also einfach mal davon aus, dass Wut, Traurigkeit, Angst und Freude weder negativ noch positiv sind – sondern eine neutrale Erscheinung deines emotionalen Körpers.

Falls du den Richtungen auf einem Kompass eine Bedeutung oder Bewertung beimisst, also zum Beispiel Westen ist besser als Osten – tja, dann kann ich dir auch nicht helfen.

Unterscheidung Nummer 2: Gefühle sind Kräfte!

Kraft ist grundsätzlich mal ein physikalischer Begriff. Mit Kraft kannst du Dinge verändern. Kraft hat eine gerichtete Wirkung. Mit Kraft kannst du etwas bewirken. In der neuen Sichtweise auf Gefühle gehen wir also davon aus, dass Gefühle Kräfte sind, die uns dazu befähigen, etwas zu bewirken oder zu tun. Insofern sind sie sehr nützlich – und zwar alle vier!

Unterscheidung Nummer 3: Gefühle liefern wichtige Informationen!

Du siehst, es wird immer besser. In der neuen Annahme über Gefühle ist auch enthalten, dass deine Gefühle dich über etwas informieren. Bestimmt hast du schon mal den Satz gehört oder gelesen: »Höre auf dein Herz« – das heißt nichts anderes als »Nimm wahr, was du fühlst«. Wenn wir gleich zu den einzelnen Gefühlen kommen, wirst du sehen, dass deine Gefühle dir oftmals ganz klare Hinweise für deine nächsten Schritte zur Verfügung stellen. Quasi wie ein Navigationssystem, das dir zielsicher sagt, wo es langgeht oder wo es eben nicht langgehen sollte. Und das ist ebenfalls sehr nützlich!

Unterscheidung Nummer 4: Gefühle liefern Motivation zum Handeln!

Neben Kraft geben dir deine Gefühle auch die entsprechende Motivation zum Handeln – sie sorgen für den Antrieb. Gefühle sind somit auch Energielieferanten – deine serienmäßig eingebaute Tankstelle, mit endlosem Vorrat an Treibstoff! Wenn du Zugang zu deinen Gefühlen hast und gelernt hast, diese erwachsen und verantwortlich zu nutzen, dann hast du eine unerschöpfliche Energiequelle zur Verfügung. Dein Herz – und damit ist das emotionale Herz gemeint – ist im Grunde genommen ein Kraftwerk, das ständig Energie produziert. Denke nur mal an die Wut – da steckt jede Menge Motivation und Kraft drin. Aber genauso können auch Freude, Angst und sogar Traurigkeit dich mit Motivation und Kraft versorgen. Aber dazu auch gleich noch mehr. Also, wenn das nicht nützlich ist?!

Hier also noch einmal die Grundannahme von der wir jetzt in Bezug auf Gefühle ausgehen wollen:

Gefühle sind neutrale Kräfte, die uns wichtige Informationen und Motivation zum Handeln liefern.

Wenn du dir nun mal die vier Gefühle aus dieser neuen Sicht anschaust und dich fragst, welche Informationen das jeweilige Gefühl für dich hat und was du mit der jeweiligen Kraft tun kannst, wirst du zu einem völlig anderen Ergebnis kommen, als unter der alten Grundannahme, dass Gefühle nicht okay sind.

Die neue Sicht auf die vier Gefühle

WUT	**TRAURIGKEIT**
... ist **neutral** und **nützlich**, um ... Grenzen zu setzen, »Nein« oder »Ja« zu sagen, Klarheit zu schaffen, Entscheidungen zu treffen, in Aktion zu treten, Dinge zu beginnen oder zu beenden, für etwas einzustehen und vieles mehr	... ist **neutral** und **nützlich**, um ... loszulassen, Dinge wertzuschätzen, mitzufühlen, in Verbindung zu treten, berührbar zu sein, zu wissen, was einem am Herzen liegt, zu heilen, dankbar und demütig zu sein und vieles mehr
FREUDE	**ANGST**
... ist **neutral** und **nützlich**, um ... zu feiern, sich selbst und andere zu begeistern, zu führen, zu motivieren, zu genießen, über den Tellerrand zu schauen (Neugier), ein Team zu weben, zu spielen, zu experimentieren und vieles mehr	... ist **neutral** und **nützlich**, um ... Neuland zu betreten, aufmerksam zu sein, präsent zu sein, kreativ zu sein, ungewöhnliche Lösungen zu finden, Pläne zu machen, der eigenen Intuition zu folgen, innovativ zu sein, vorsichtig vorzugehen und vieles mehr

Die Weisheit und Kraft der Wut

Wenn du wütend wirst, welche Information könnte in dieser Wut enthalten sein? Das lässt sich einfach herausfinden, wenn du mal daran denkst, in welchen Situationen du normalerweise wütend wirst. In der Regel wirst du wütend, wenn jemand deine Grenzen überschreitet, wenn etwas nicht okay ist, wenn jemand seine Versprechen nicht hält oder irgendwie Unklarheit herrscht und Dinge sich verzögern oder nicht weitergehen. Die enthaltene Information könnte also heißen: »Stopp mal, hier stimmt etwas nicht. Etwas läuft hier verdammt noch mal schief.

Hier braucht es einen klaren nächsten Schritt, um weiterzukommen.« Die Energie und Kraft, die du durch diese Wut zum Handeln bekommst, sind daher sehr, sehr nützlich. Sie dienen nämlich dazu, demjenigen eine Grenze zu setzen, der dir zu nahekommt oder deine Grenze überschreitet. Sie dient dazu, »Stopp« oder »Nein« zu sagen, wenn dir etwas nicht passt, oder auch ganz klar »Ja« zu sagen und dich für etwas zu verpflichten, für etwas einzustehen. Wenn du also Schwierigkeiten hast, Nein zu sagen, wenn du etwas nicht willst, oder dich zu verpflichten, dann könnte es daran liegen, dass du keinen bewussten Zugang zu deiner Wut hast. Wutkraft dient aber noch anderen Dingen. Wusstest du, dass du für jede Entscheidung, egal wie groß oder klein sie ist, ein bisschen Wut brauchst? Es ist gleich, ob du im Restaurant unentschlossen vor der Speisekarte sitzt oder entscheiden musst, welchen Beruf du die nächsten Jahre ausüben willst. Du brauchst Wut, um eine Entscheidung zu treffen. Denn wenn du eine Entscheidung triffst, also Ja zu einer Option sagst, musst du auch gleichzeitig klar und bestimmt genug sein, um Nein zu all den anderen Optionen zu sagen, die durch deine Entscheidung wegfallen. Das Wort *Ent*scheidung sagt es schon im übertragenen Sinne. Du musst dein Schwert (Wut) aus der Scheide ziehen und die ausgewählte Option von den abgewählten Optionen trennen. Zack! Bei jeder Entscheidung kannst du dir dich als Krieger mit einem Schwert vorstellen, der mit einem klaren Hieb eine einzelne Möglichkeit aus dem Meer der Möglichkeiten heraustrennt. Dafür braucht es die Kraft der Wut. Falls du also Schwierigkeiten hast, dich zu entscheiden, kann es daran liegen, dass du keinen bewussten Zugang zu deiner Wutkraft hast. Grenzen setzen, Stopp und Nein sagen sowie Entscheidungen treffen sind sehr nützliche Kräfte, die wir alle dringend in unserem Leben brauchen. Aber die Wut kann noch mehr: Klarheit schaffen, wo Unklarheit herrscht, loslegen und Dinge anfangen oder auch aufhören. Man sagt ja auch »etwas in Angriff nehmen«. Aber auch zum Aufräumen und Ausmisten, also um Klarheit auf der physischen Ebene zu schaffen, ist die Wutkraft sehr nützlich. Wenn du also nur schwer in die Gänge kommst, den Hintern nicht hochkriegst oder ein Messi bist (Ich meine damit nicht den Fußballspieler!) und dich von Dingen nur schwer trennen kannst, könnte es für dich an der Zeit sein, endlich wieder Anschluss an deine Wutkraft zu bekommen.

Jedes der vier Grundgefühle steht für eine archetypische Kraft, die in dir angelegt ist und darauf wartet, wachgeküsst und aktiviert zu werden. Sobald du gelernt hast, das Gefühl bewusst und verantwortlich bis zur maximalen Intensität von hundert Prozent zu fühlen, bekommst du automatisch Zugang zu dieser archetypischen Kraft. Hundert Prozent bedeutet: Mehr Wut geht nicht, größer kann die Wut nicht werden. Sie steht dir dann voll zur Verfügung, weil du die Erfahrung gemacht hast, dass du größer bist als deine Wut und dass du deine Wut besitzt und nicht umgekehrt. Im Falle von Wut ist diese archetypische Kraft die Kraft des verantwortlichen Kriegers oder, moderner ausgedrückt, die des Machers. Sobald du bewussten Zugang zu deiner Wutkraft hast, steht dein innerer Krieger mit Schwert und allem was dazugehört an deiner Seite. Wut ist eben nicht unzivilisiert und unprofessionell oder gar barbarisch! Im Gegenteil: Bewusste Wut ist das Tor zu Klarheit, Entschlossenheit und Tatkraft. Willst du ernsthaft darauf verzichten?

Die Weisheit und Kraft der Traurigkeit

Welche Information kann uns die Traurigkeit liefern? In der Regel erscheint Traurigkeit auf der Bildfläche, wenn du dich von etwas verabschieden musst, etwas, was dir lieb und teuer war, woran du vielleicht auch deine Hoffnung gehängt hast. Du wirst auch traurig, wenn du etwas nicht geschafft hast oder wenn es jemandem in deinem Umfeld, den du liebst, schlecht geht. Die Information, die dir deine Traurigkeit gibt, könnte lauten: »Das ist dir sehr wichtig, das liegt dir am Herzen! Kümmere dich darum!« oder auch »Das war dir sehr wichtig. Jetzt ist es Zeit, es gehen zu lassen. Es ist vorbei! Nimm Abschied davon!« Die Energie und Kraft, die du durch deine Traurigkeit bekommst, fühlt sich komplett anders an als deine Wutkraft, ist aber mindestens genauso nützlich. Die Kraft der Traurigkeit kannst du zum Beispiel nutzen, um Dinge, Menschen oder Situationen loszulassen, dich davon zu trennen und zu verabschieden. Und zwar langsam und mit Bedacht, denn es handelt sich eben meist um etwas, was dir wichtig war. Die Traurigkeit macht dich weich und berührbar. So lässt dich auch das Schicksal anderer nicht kalt, wenn du Zugang zu deiner Traurigkeit hast, denn Traurigkeit macht mitfühlend und empathisch. Ich hatte lange Zeit keinen Zugang zu meiner Traurigkeit. Als Kind hatte ich die Erfahrung gemacht, dass mein Umfeld mich immer dann am liebsten hatte, wenn ich gut gelaunt und fröhlich war. So habe ich meine Traurigkeit irgendwann einfach weggepackt. Wenn mir mal zum Heulen war, dann habe ich das nachts im Bett oder tagsüber auf der Toilette gemacht, wo mich keiner sehen konnte. Danach habe ich mir die Tränen weggewischt, dreimal tief durchgeatmet und mein Gute-Laune-Gesicht aufgesetzt. Das Ergebnis war, dass mich mein Umfeld bewunderte, mich für nahezu perfekt hielt und mich auf einen Sockel stellte. Aber echte Nähe konnte dadurch nie zustande kommen. Erst, als ich mit vierzig eine schwere Trennung durchlebte, bekam ich bewussten Zugang zu meiner Traurigkeit. Mein Herz und damit auch der Panzer, den ich mir zugelegt hatte, waren zerbrochen. Gleichzeitig fing ich an, meinem Umfeld zu zeigen, wie traurig und verletzlich ich war. Ich wurde endlich nahbar, spürbar und authentisch, und echte Beziehungen auf der Herzensebene konnten entstehen. Traurigkeit verbindet! Der Schmerz der Traurigkeit macht dich demütig und erinnert dich daran, dass du ein Mensch bist und nicht alles unter Kontrolle hast. Traurigkeit hat zudem eine sehr heilende und reinigende Kraft. Und sie zeigt dir, was dir wichtig, lieb und teuer ist, was dir am Herzen liegt. Viele Dichter, Poeten und Musiker wurden von ihrer Traurigkeit inspiriert – und der Blues ist die Musikrichtung der Traurigkeit.

Die archetypische Kraft in dir, die durch die Traurigkeit aktiviert wird, ist die Kraft des Liebenden und des Heilers. Moderner ausgedrückt würden wir sie vielleicht eher die Kraft des Kommunikators nennen. Wenn du wieder bewussten Zugang zu deiner Traurigkeit hast, ist dein innerer Liebender immer an deiner Seite und arbeitet mit deinem inneren Krieger zusammen. Und da sag noch einer, Traurigkeit sei unprofessionell oder nur etwas für Mädchen! Im Gegenteil: Bewusste Traurigkeit ist das Tor zu Liebe, Verbindung und zu empathischer Kommunikation. Und auch hier mal im Ernst: Würdest du darauf verzichten wollen?

Die Weisheit und Kraft der Angst

Auch die Angst ist ein neutrales, nützliches Gefühl. Kaum zu glauben, oder? Die arme Angst. Sie ist das am meisten missverstandene Gefühl von den vieren! Wirklich. Manchmal tut sie mir so leid, dass ich mich zum Anwalt der Angst aufspiele und versuche, alle Facebook-Posts, die behaupten, Angst sei das Gegenteil von Liebe, mit flammenden Gegendarstellungen zu entkräften. Selten mit Erfolg, denn wir haben unsere Lektion in der Kindheit gut gelernt: Angst ist der Horror und tunlichst zu vermeiden! Davon leben ganze Branchen, wie die Versicherungs- und Bankenbranche, und auch Teile unseres Gesellschaftssystems basieren auf der Angst vor der Angst und auf der Illusion, dass Sicherheit existiert und wir sie käuflich erwerben können! Aber jetzt geht es ja darum, sich die Angst mal von einer anderen Perspektive anzusehen – nämlich von der nützlichen! (Hier ein kleines Quiz zwischendurch: Welches ist wohl mein Lieblingsgefühl?) Welchen Nutzen in Form von Information und Kraft wird wohl die Angst für dich bereithalten? Eines ist ganz klar und offensichtlich: Angst lässt dich in neuen Situationen vorsichtig vorgehen. Die Information, die dir die Angst in dem Moment gibt, könnte lauten: »Achtung, Achtung, hier kommt etwas Neues, sei vorsichtig!« Angst beinhaltet also eine Schutzfunktion. Wenn du Neuland betrittst, ist immer Angst im Spiel – jeder, der etwas anderes behauptet, ist ein Lügner, gefühlstaub oder hat keinen Zugang zu seiner Angst. Angst führt dazu, dass du in solchen Fällen einen Plan machst und dich vorbereitest oder langsam und mit Bedacht vorgehst – das ist doch nicht schlecht, oder? Und es gibt noch viel mehr, was die Angst dir zur Verfügung stellt. Angst lässt dich wach und aufmerksam sein – du nimmst Dinge wahr, die du sonst niemals wahrnehmen würdest. Du kannst sprichwörtlich zwischen den Zeilen lesen. Natürlich nur, wenn du deine Angst besitzt und wenn Angst für dich okay ist, ansonsten bist du deiner Angst hilflos ausgeliefert und gerätst womöglich in Panik. Angst setzt ungeahnte Ressourcen frei. Es gibt immer wieder Berichte von Menschen, die sich in scheinbar ausweglosen Situationen befunden und dann ungeahnte Kräfte freigesetzt haben, von denen sie vorher nichts ahnten. Ja, denn Not macht erfinderisch! Das heißt auch, dass Angst, wenn sie frei fließen kann, Kreativität und Innovation in Gang setzt. Viele Erfindungen sind dadurch entstanden, dass der Erfinder Angst hatte, dass die Situation, in der er sich befand, für immer so bleiben würde und er sich deshalb auf neues Terrain begeben hat. Seitdem ich Zugang zu meiner Angst habe, laufen meine Vorträge zum Beispiel völlig anders ab als früher. Früher habe ich den Vortrag von A bis Z geplant und vorbereitet, eine PowerPoint-Präsentation im Vorhinein erstellt und die Zuhörer haben das bekommen, was ich für sie vorbereitet habe, ob es nun gepasst hat oder nicht. Ich habe meine Angst einfach mit übermäßiger Kontrolle betäubt. Seitdem Angst für mich okay ist, lege ich nur noch den Vortragstitel fest und überlege mir kurz, welche Unterscheidungen eventuell für das Thema nützlich sein könnten. Sonst mache ich *nichts*! Doch – ich überlege mir die ersten drei Sätze. Und dann stehe ich vor den Zuhörern und überlasse meiner Angst die Führung. Was dann passiert: Ich bin komplett in der Gegenwart präsent, in Verbindung mit den Zuhörern, wach und aufmerksam und spreche in ihre Notwendigkeit – das heißt, ich sage das, was gehört werden muss von genau denen, die heute anwesend sind. Das heißt auch, dass meine Vorträge zum selben Thema immer ein wenig variieren. Kreativ eben, aus dem Moment entstanden. Ist das nicht etwas Großartiges? Kreativität, Innovation, Neuland betreten, etwas erfinden? Das kommt alles aus der Kraft und Energie der Angst. Hättest du das gedacht?

Die archetypische Kraft, die durch das bewusste Erfahren von maximaler Angst in einem sicheren Raum aktiviert wird, ist die Kraft des Magiers oder, in modernen Worten, die Kraft des Schöpfers. Derjenige, der aus dem Nichts Neues entstehen lässt und ungeahnte Möglichkeiten aus dem Hut zaubert. Sobald du deine Angst in Besitz genommen hast, ist dein innerer Magier stets an deiner Seite – gemeinsam mit dem Krieger und dem Liebenden. Da sag noch einer, Angst sei unprofessionell und lähmend. Im Gegenteil: Angst ist das Tor zur Intuition und Evolution. Dort, wo deine Angst ist, gibt es für dich Neuland zu entdecken und/ oder auch aufzupassen! Großartig, oder? Aber genug der Angstschwärmerei.

Die Weisheit und Kraft der Freude

Und hier kommt Gefühl Nummer vier: die Freude. Und ich zähle sie nur deswegen als letztes auf, weil es bei ihr ziemlich einfach ist, die Kraft, Energie und Information zu entdecken, die sie in sich trägt. Aus der alten Sicht auf Gefühle ist die Freude nämlich immer noch unser Favorit. Bei unserem Experiment, Gefühle von einer anderen Perspektive zu betrachten, steht die Freude allerdings auf gleicher Stufe mit Wut, Traurigkeit und Angst. Kein Unterschied! Ich weiß, das ist schwer zu verstehen und es ist auch schwer, sich ständig daran zu erinnern. Alte Konditionierungen sind nämlich erstaunlich hartnäckig, weil sie bereits in deinem Unterbewusstsein wohnen und es sich dort seit deiner Kindheit gemütlich gemacht haben. Deshalb hier noch einmal zur Erinnerung: Alle vier Gefühle sind neutral und geben dir Kraft, Motivation und Information. Die Information, die dir die Freude gibt, könnte ungefähr so lauten: »Wow. Das gefällt dir. Das begeistert dich. Bleib da dran! Genieße es!« Und die Energie und Kraft der Freude kannst du zum Beispiel nutzen, um deiner Vision zu folgen und deine Träume in die Tat umzusetzen. Mit Freude kannst du auch andere begeistern, motivieren und inspirieren. Als Führungskraft brauchst du daher unbedingt die Kraft der Freude, um ein Team zu weben und auf ein gemeinsames Ziel einzuschwören. Freude dient auch dem gemeinsamen Feiern und der Leichtigkeit. Freude kann sogar Eis brechen, zum Beispiel in Form von Humor oder durch ein herzhaftes Lachen. Ähnlich wie bei der Traurigkeit zeigt auch die Freude, was dir wichtig ist und dir am Herzen liegt, weil du einfach begeistert davon bist. Freude lässt dich Wertschätzung empfinden und dankbar sein für all die großen und kleinen Dinge, die dein Leben bereichern. Freude macht dich großzügig und lässt dich dein Glück mit anderen teilen. Und mit Freude kannst du ebenfalls Neuland betreten, denn Begeisterung und Freude an etwas macht gleichzeitig neugierig und lässt dich über den Tellerrand blicken.

Auch die Freude bildet den Zugang zu einer archetypischen Kraft. Wenn du wieder den vollen Zugang zu deiner Freude bekommst, erwacht in dir die archetypische Kraft des Königs oder des verantwortlichen Anführers. Also auch die Freude ist wirklich eine äußerst nützliche Kraft – was natürlich aufgrund unserer Konditionierung viel leichter nachzuvollziehen ist als bei den anderen drei Gefühlen.

Bewusst wahrgenommene Gefühle sind eine sprudelnde Quelle von Kraft und Information.

Könntest du dich nach dieser kleinen Expedition mit dem Gedanken anfreunden, dass Gefühle – wenn sie in ihrer bewussten, verantwortlichen Form auftreten, sie nicht vermischt sind und auch nicht unterdrückt – sehr nützliche Helfer sind? Könntest du dich mit dem Gedanken anfreunden, dass auch Traurigkeit, Wut und sogar Angst nichts Schlimmes, Schweres oder Schreckliches sind, sondern neutrale Kräfte, die dir in deinem Leben dienen, vorausgesetzt du hast gelernt, diese bewusst und verantwortlich zu nutzen? Dein inneres Team, bestehend aus Krieger, Liebendem, Magier und König, das dir in jedem Moment zur Seite steht. Denn darum geht es eigentlich: Wieder Zugang zu diesen dir innewohnenden neutralen, nützlichen Kräften, deinen Gefühlen, zu bekommen und dann im zweiten Schritt zu lernen, diese bewusst und verantwortlich zu nutzen. Um dorthin zu kommen, ist die Voraussetzung allerdings, dass du dich von der alten Annahme, dass Gefühle nicht okay sind, bewusst verabschiedest. Und glaube mir, das hört sich einfach an, ist aber eine große Herausforderung, da diese uralte Konditionierung tief in deinen Zellen gespeichert ist – und zwar gleich dreifach geprägt: Gesellschaftlich, familiär und durch deine persönlichen Erfahrungen.

Der Weg aus der Konditionierung – verändere deine Geschichten

Was dir dabei helfen kann, ist das Bewusstsein darüber, dass es sich bei diesen Konditionierungen und Prägungen nur um Geschichten handelt. Es handelt sich nicht um die Wahrheit oder die Realität, sondern um eine Bewertung, eine Interpretation, also eine subjektive Bedeutung, die wir ganz neutralen Dingen selbst geben. Wenn es zum Beispiel regnet, sprechen wir gemeinhin von »schlechtem Wetter« – zumindest in unseren Breitengraden. Das entspricht aber nicht der Realität. Die Realität ist, dass es regnet. Punkt. Wasser fällt in Tropfen vom Himmel. Die Geschichte, dass das Wetter schlecht ist, haben wir erfunden und uns im Kollektiv darauf geeinigt, dass diese Geschichte wahr ist – einfach deshalb, weil wir es so wahrnehmen. Wir nehmen etwas als *wahr* an. Wir erzählen uns selbst diese Geschichte so oft, bis wir sie für wahr halten, und kreieren damit unsere vermeintliche Realität. Denn für jede Geschichte, jede Interpretation, die wir einer Situation beimessen, gibt es unzählige Beweise. Genauso ist es mit Gefühlen. Wir haben die Geschichte erfunden, dass Gefühle *schlecht* und *unangenehm* sind. Das ist unsere Interpretation und wir haben uns darauf geeinigt, dass diese Geschichte wahr ist. Und dafür gibt es unzählige Beweise, die wir in der Vergangenheit erlebt und erfahren (zu) haben (glauben). Diese alte Geschichte hält dich aber davon ab, Zugang zu deinen Gefühlen zu bekommen und über all die nützlichen Informationen und Kräfte zu verfügen, die oben beschrieben sind. Das Schöne ist, wenn eine Geschichte nicht mehr nützlich für dich ist, kannst du jederzeit eine neue Geschichte kreieren – du wirst auch dafür unzählige Beweise finden. Und deine neue Geschichte zum Thema Gefühle heißt: Gefühle sind neutrale Kräfte, die mich mit nützlicher Information und Motivation versorgen.

Dass Gefühle dir Energie rauben, ist ein Mythos, der so lange Bestand hat, wie du versuchst, deine Gefühle zu unterdrücken. Dann hast du nämlich keinen Zugang zu deinen Gefühlen und der Kraft, die sie zur Verfügung stellen. Im Gegenteil: Du verschwendest Energie dafür, deine Gefühle zu unterdrücken! Und dass Gefühle verhindern, dass du klare, vernünftige Entscheidungen triffst, gilt ebenfalls nicht für bewusste und verantwortliche Gefühle. Okay, wenn du aus einer alten Emotion heraus unbewusst *re*agierst, triffst du womöglich keine klare, vernünftige Entscheidung. Du lässt ein altes Computerprogramm ablaufen, sonst nichts. Bewusstes Fühlen hingegen unterstützt dich bei deinen Entscheidungen! Schon allein, weil du für jede Entscheidung ein bisschen Wut brauchst. Und wenn du die Informationen deiner bewussten Gefühle für deine Entscheidungen nutzt, mag die Entscheidung vielleicht nicht immer nur vernünftig sein, dafür aber klar, authentisch und ausgewogen, weil Herz und Verstand zusammen die Entscheidungsgrundlage geliefert haben. Klarheit, Liebe, Intuition und Begeisterung bilden in diesem Fall die Basis, auf der du deine Entscheidungen triffst. Und du kannst natürlich zusätzlich auch den Verstand weiterhin benutzen – wenn du unbedingt willst.

Ausgedienter Mythos

Gefühle vernebeln uns den Blick und rauben uns Energie. Sie verhindern, dass wir klare, vernünftige Entscheidungen treffen.

Neue Unterscheidung

Bewusste Gefühle in ihrer Reinform sind neutrale Kräfte, die uns mit nützlicher Information und Energie versorgen. Entscheidungen, die wir auf Grundlage bewusster Gefühle treffen, sind authentisch und ausgewogen.

Experiment 7: Bewusste Steigerung der Gefühlsintensität

Bei diesem Experiment geht es darum, bewusst und nacheinander in jedes der vier Grundgefühle zu gehen und innerhalb des Gefühls die Intensität langsam zu steigern. Du übst so das innere Navigieren von Gefühlen von null Prozent bis maximal hundert Prozent. Du kannst dieses Experiment allein für dich machen oder zusammen mit einer anderen Person. Der Vorteil, wenn du dieses Experiment nicht allein machst, besteht darin, dass du Feedback bekommen kannst in Bezug auf die jeweilige Gefühlsintensität.

Wähle zunächst das erste Gefühl aus, mit dem du experimentieren willst: Wut, Traurigkeit, Angst oder Freude? Setze dich bequem hin, atme dreimal tief ein und aus und entspanne dich. Dann lass langsam das gewählte Gefühl, beispielsweise Wut, in dir aufsteigen. Und denke daran, Gefühle finden nicht im Kopf, also in deinem Verstand statt, sondern in deinem physischen Körper. Überlasse deinem physischen Körper die Führung – er arbeitet mit dem emotionalen Körper zusammen, er weiß, wie Fühlen geht und kennt auch die unterschiedlichen Gefühle.

Schau, dass du zunächst das gewählte Gefühl erzeugst. Wenn du das Gefühl klar in deinem Körper fühlen kannst, dann versuche im nächsten Schritt zu benennen, bei wie viel Prozent Gefühlsintensität du dich gerade befindest. Normalerweise ist das zu Beginn irgendwo zwischen einem und zehn Prozent. Es fühlt sich vielleicht beim ersten Mal etwas seltsam an, diese Einschätzung vorzunehmen. Und vielleicht liegst du auch erst mal falsch – das ist kein Problem. Sprich einfach die Prozentzahl aus, die dir in den Sinn kommt: »Ich bin gerade bei ... Prozent Wut« (falls du gerade beim Gefühl Wut bist). Und nimm gleichzeitig wahr, ob mit dir alles okay ist, obwohl du gerade diese Menge an Wut fühlst. Sprich es aus: »Mir geht es gut mit ... Prozent Wut.« Und dann gehe einen Schritt weiter und lass das Gefühl bewusst größer werden. Halte dann wieder kurz inne und werde dir darüber bewusst, bei wie viel Prozent Gefühlsintensität du jetzt gerade bist und ob du okay damit bist. Und so weiter. Mache einfach so viele Runden pro Gefühl, wie du möchtest, und lasse das Gefühl jedes Mal etwas größer werden.

Dann wechsle zum nächsten Gefühl. Wenn du die Übung mit einem Partner machst, dann wechselt vorher jeweils die Rollen.

Und hier ein paar nützliche Hinweise zu diesem Experiment

Wenn du das Experiment zusammen mit einem Partner machst, dann setzt euch einfach gegenüber voneinander hin. Dein Gegenüber hat dann die Aufgabe, dich zu coachen. Er ermutigt dich und stellt dir Fragen, wie ...:

- »Mit welchem Gefühl möchtest du starten?«
- »Okay, dann schließ die Augen und gehe in die Wut.«
- »Wie groß ist die Wut gerade?«
- »Bist du okay mit so viel Wut? Geht es dir gut?«
- »Dann lass die Wut jetzt noch ein wenig größer werden. Weiter. Weiter. Weiter.«

Lass dir von deinem Partner auch Feedback geben, ob die von dir genannte Gefühlsintensität aus seiner Sicht stimmig ist. Vertraue dem Feedback!

Gefühle drücken sich auch in Tönen und oft auch in Worten aus. Halte diese bei der Übung nicht zurück. Nutze auch deine Stimme bei diesem Experiment! Es ist nützlich, wenn du bei diesem Experiment auch etwas lauter sein kannst, ohne dass du deine Nachbarn erschreckst.

Beim Gefühl Wut kann es hilfreich sein, ein Handtuch als Wutkraft-Verstärker zu nutzen. Du rollst das Handtuch einfach zu einer langen Rolle zusammen, nimmst diese in beide Hände (die Hände sollten eng nebeneinander positioniert sein) und wringst die Handtuchrolle, um die Wut über deinen physischen Körper zu aktivieren.

Vertraue bei diesem Experiment deinen Körperimpulsen. Wenn du den Impuls hast, lieber aufzustehen oder dich hinzulegen oder eine andere Körperhaltung einzunehmen, dann folge dem Impuls.

Versuche, die Gefühle nicht zu vermischen, sondern immer pur in einem Gefühl zu bleiben. Bitte dein Gegenüber, dir Feedback zu geben, falls du Gefühle vermischst.

Es geht dabei nicht um einen Wettkampf (schneller, höher, weiter), sondern darum, zu lernen, innerlich zu navigieren und ein Gespür für die Intensität des jeweiligen Gefühls zu bekommen.

Mythos Nr. 8:
Emotion und Gefühl sind einfach nur zwei Bezeichnungen für ein und dieselbe Sache

Du weißt jetzt, wie wertvoll deine Gefühle eigentlich sind und welche grandiose Ressource sie für dein Menschsein zur Verfügung stellen. Vorausgesetzt, es handelt sich um authentische, bewusste und unvermischte Gefühle, die du im Hier und Jetzt fühlst und verantwortlich nutzt. Allerdings gibt es aufgrund der konditionierten Annahme, dass Gefühle nicht okay sind, unterschiedliche Faktoren, die dich normalerweise davon abhalten, an die Kraft deiner authentischen Gefühle heranzukommen. In den Kapiteln eins bis sechs habe ich einige dieser Faktoren beschrieben, wie beispielsweise die Gewohnheit, dass wir alle Empfindungen unserer vier Körper unter dem Begriff Gefühle ablegen, dass wir uns taub machen und Gefühle unterdrücken, dass wir Gefühle vermischen und sie letztendlich dadurch unbewusst und unverantwortlich ausagieren (Niederes Drama). Zudem gibt es ein weiteres grundlegendes Missverständnis, welches es dir schwer machen kann, aus dem alltäglichen Gefühlschaos herauszukommen und den Nutzen von Gefühlen wirklich zu erkennen und Gebrauch davon zu machen. Dieses Missverständnis entsteht dadurch, dass wir in der Regel keine Unterscheidung treffen zwischen Gefühlen und Emotionen. Wir benutzen diese beiden Worte wechselweise für alle Gefühlslagen und gehen davon aus, dass sie sich nicht unterscheiden. Und dadurch entsteht ebenfalls wieder Unklarheit und Unbewusstheit, was – wie ich schon in früheren Kapiteln aufgezeigt habe – wiederum verhindert, dass du die Kraft und Information von Gefühlen tatsächlich nutzen kannst. Emotionen unterscheiden sich nämlich sehr wohl von Gefühlen – auch wenn sie sich genauso oder ähnlich anfühlen wie diese Gefühle. Aber wie unterscheidet man Gefühle von Emotionen?

Erinnerst du dich noch an die verschiedenen Ego-Zustände aus Kapitel 5?

Ego-Zustände aus der Transaktionsanalyse nach Eric Berne

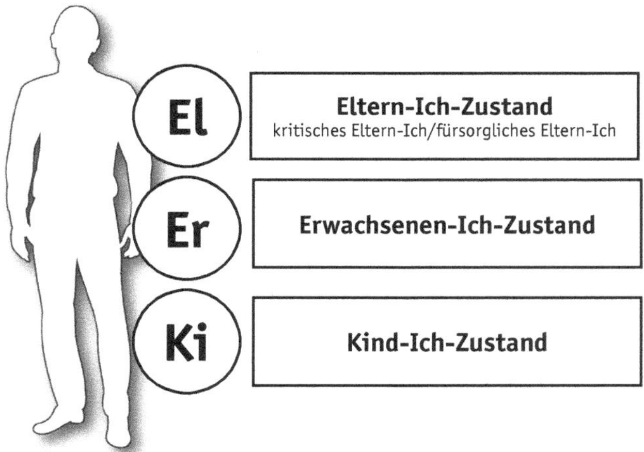

Die Transaktionsanalyse unterscheidet den Eltern-Ego-Zustand, den Kind-Ego-Zustand und den Erwachsenen-Ego-Zustand. Authentische Gefühle, mit all ihrer nützlichen Information und Energie, wie ich sie in Kapitel 7 beschrieben habe, erlebst du allerdings *nur* im Ego-Zustand des Erwachsenen. In diesem Zustand bist du in deiner vollen Kraft und Autorität in der Gegenwart präsent. Es taucht ein Gefühl auf, du fühlst es, du nutzt es, es verschwindet.

Du sitzt zum Beispiel im Sommer am Samstagnachmittag in deinem Garten und willst dich von deiner stressigen Arbeitswoche erholen. Auf einmal ertönt lauter Lärm aus dem Nachbarhaus

– der Fernseher wurde angestellt und die Fenster sind offen. Es steigt ein wenig Wut in dir auf, da dein geruhsamer Nachmittag nun ernsthaft in Gefahr ist. Du nutzt diese Wut, mit der du in diesem Stadium noch gut umgehen kannst, indem du zu deinem Nachbarn gehst und ihn freundlich, aber mit entsprechender Klarheit und Bestimmtheit, bittest, doch die Fenster zu schließen, solange der Fernseher läuft. Es war deinem Nachbarn gar nicht bewusst, dass die Fenster offen waren. Er schließt sie und du kannst dich wieder deiner Samstagnachmittag-Lektüre widmen. Du hast deine Wut und den Archetypen des Kriegers dafür genutzt, um Klarheit zu schaffen. Die Situation ist geklärt und die Wut verschwindet, der Krieger hat Pause. So läuft das mit den Gefühlen, die du im Hier und Jetzt im Ego-Zustand des Erwachsenen bewusst fühlst und verantwortlich nutzt.

Anders ist das bei einer Emotion. Emotionen fühlen sich genauso an wie Gefühle, also ganz genauso wie Wut, Traurigkeit, Angst oder Freude. Aber wenn eine Emotion in dir aufsteigt, dann kommt diese aus einem anderen Ego-Zustand als aus dem des Erwachsenen. Das Problematische ist zudem, dass Emotionen in der Regel gar nichts oder nur wenig mit dem zu tun haben, was gerade passiert. Emotionen werden zwar durch Situationen in der Gegenwart ausgelöst oder getriggert, wie man so schön sagt, haben aber in der Regel nichts mit der aktuellen Situation oder der vor dir stehenden Person zu tun. Das ist uns in der Regel aber nicht bewusst. Emotionen haben ihren Ursprung entweder in deiner Vergangenheit, in deiner unbewussten Konditionierung oder in deiner unbewussten Schattenseite. Wenn du diese Emotionen dann unbewusst ausagierst, landest du mit ziemlicher Sicherheit im Niederen Drama. Und wenn du Emotionen und Gefühle nicht voneinander unterscheiden kannst und der Trigger automatisch deine alte Programmierung in Gang setzt, hast du keine Wahl und auch keine Kraft. Zudem dauern Emotionen sehr viel länger. Manchmal eine Stunde, manchmal einen Tag, manchmal sogar auch mehrere Tage und Wochen. Denn Emotionen verschwinden nämlich nicht einfach dadurch, dass du sie ausagierst, so wie das bei authentischen Gefühlen der Fall ist.

Im Possibility Management werden bisher drei Arten von Emotionen unterschieden:

Die Eltern-Emotion

Eine sogenannte Eltern-Emotion ist eine Emotion, die du von deinen Eltern oder anderen Autoritäten ungeprüft übernommen hast. Es handelt sich dabei nicht um deine Angst, Wut, Traurigkeit oder Freude, sondern meist um die deiner Eltern. Du hast vielleicht sogar selbst noch keine entsprechende (negative oder positive) Erfahrung gemacht, trotzdem steigt in bestimmten Situationen diese Emotion in dir auf. Hier wieder ein Beispiel aus meinem eigenen Leben: In meiner Familie waren wir drei Kinder und meine Eltern haben beide gearbeitet. Sie hatten immer eine gewisse Existenzangst. Es gab immer die Angst, dass das Geld mal nicht reichen könnte, um allen finanziellen Verpflichtungen nachzukommen. Diese Angst war für mich als Kind durchgängig spürbar. Ich habe diese finanzielle Existenzangst quasi schon mit der Muttermilch oder sogar schon im Bauch meiner Mutter aufgenommen und sie unbewusst wie ein emotionales Programm für mich selbst übernommen. Deshalb hatte ich in meinem frühen Erwachsenenleben ebenfalls immer finanzielle Existenzangst. Phasen solcher emotionalen Existenzangst dauerten oft Tage oder Wochen an. Und interessanterweise war diese Angst völlig unabhängig von meinem Kontostand. Diesen Umstand fand ich irgendwann verdächtig. Durch die Klarheit über den Unterschied zwischen Gefühlen und Emotionen konnte ich diese Angst dann als die Angst meiner Eltern identifizieren und mich durch bewusste Gefühlsarbeit davon lösen. Die Angst war einfach nicht auf meinem Mist gewachsen, sie gehörte definitiv meinen Eltern.

Wir übernehmen aber nicht nur von unseren Eltern solche Emotionen, sondern wie gesagt auch von anderen Autoritäten, und das können Personen, aber auch Institutionen sein. Zum Beispiel Lehrer, Schauspieler, Politiker, Ärzte, Journalisten oder die Schule, die Religionsgemeinschaft, die Partei, der Staat, die Medien, die Gesellschaft – selbst von Unternehmen oder Marken können solche emotionalen Konditionierungen in Form von Eltern-Emotionen ausgehen. Wut und Angst, beispielsweise in Bezug auf bestimmte Bevölkerungsgruppen, Minderheiten oder Religionsangehörige, werden oft einfach übernommen, ohne dass die Person jemals mit einem Repräsentanten dieser Gruppe Erfahrungen gemacht hat. Du reist in einem Flugzeug und zwei Reihen vor dir sitzt ein Mann mit dunklerer Haut, langem Bart und Turban. Und schon fühlst du Wut und/oder Angst. Es handelt sich dabei aber nicht um eine authentische, erwachsene Angst, die dir im Hier und Jetzt nützt, sondern um eine übernommene, konditionierte emotionale Angst, die du in diesem Beispiel von unserer westlichen Gesellschaft übernommen hast, in der dieser Typ Mann zum terroristischen Feindbild erklärt wurde. Lies einfach mal mit offenen Augen die Nachrichten und du wirst feststellen, dass dort jede Menge Emotionen geschürt werden und wir unbewusst dazu neigen, diese ungeprüft zu übernehmen.

Diese emotionale Programmierung von außen – die im Grunde einer emotionalen Manipulation entspricht – kann nur so lange stattfinden, solange du keine Bewusstheit über deine Gefühlswelt hast und du keine Verantwortung dafür übernimmst, was du fühlst. Wenn diese Programmierung dann getriggert wird, reagierst du in der Regel unbewusst in Form von emotionaler Wut (= Täter-Wut), emotionaler Traurigkeit (= Opfer-Traurigkeit), emotionaler Angst (= Retter-Angst) oder emotionaler Freude (= Gremlin-Freude) – und zwar ohne dass du eine andere Wahl hättest.

Ein Weg, um aus der Eltern-Emotion, also der emotionalen Konditionierung durch äußere Autoritäten, herauszukommen, liegt darin, dass du als erwachsene Person deine eigene Autorität entwickelst und deine Aufmerksamkeit in Bezug auf emotionale Manipulation trainierst. Im Klartext heißt das, du musst beginnen, Verantwortung dafür zu übernehmen, was du fühlst und was du von dem, was dir durch äußere Autoritäten präsentiert wird, glauben und übernehmen willst. Das heißt auch, dass du beginnst, dich von emotionaler Manipulation aktiv und bewusst abzugrenzen und äußeren Autoritäten im Zweifelsfall eine Grenze zu setzen. Um eine Grenze zu setzen, brauchst du allerdings Zugang zu deiner authentischen Wut, zu deiner Krieger-Wut! Ich gebe dir hier wieder ein Beispiel, um noch deutlicher zu machen, was ich damit meine. Vor ein paar Jahren ließ ich mir einen fehlenden Zahn durch ein Implantat ersetzen. Die behandelnde Zahnärztin meinte, ich müsse vor und nach der Operation vorsorglich Antibiotika einnehmen, um das Risiko einer Entzündung zu vermeiden. Es war also nicht so, dass sie es mir empfahl, sondern sie formulierte es in einer Weise, als wäre es notwendiger und unabdingbarer Teil der Behandlung. Ich dankte ihr für den Hinweis und antwortete ihr, dass ich bereit sei, dieses Risiko einzugehen und daher auf die vorsorgliche Einnahme von Antibiotika verzichten würde. Die Ärztin war geradezu empört über meine Weigerung, versuchte mich weiter zu überreden und ließ mich am Ende eine Erklärung unterschreiben, dass ich selbst für eventuelle Komplikationen die Verantwortung trage. Es war ganz deutlich, dass es ihre Angst vor Komplikationen war, die sie auf mich übertragen wollte. Da ich als ausgebildete Heilpraktikerin aber wusste, dass ich alternative Möglichkeiten hatte, um eine Entzündung zu vermeiden, war ich komplett ruhig und klar. Ich war nicht bereit, mir Angst machen zu lassen und setzte ihr ganz deutlich eine Grenze im Sinne von: »Nein, danke – Sie können Ihre Angst gerne behalten!« Ich unterschrieb den Zettel ohne zu zögern, ließ mich operieren, begleitete die Operation homöopathisch und es gab keine Komplikationen. Und selbst wenn es Komplikationen gegeben hätte, wäre ich bereit gewesen, die volle Verantwortung dafür zu übernehmen.

Dies ist ein Beispiel für einen recht aktuellen Versuch der emotionalen Manipulation im Erwachsenenalter. Aber was tun mit emotionalen Programmierungen, die du schon in deiner Kindheit von deinen Eltern und anderen Autoritäten übernommen hast? Auch von diesen Eltern-Emotionen kannst du dich dadurch befreien, dass du deine eigene Autorität entwickelst. Als Kind konntest du noch keine Unterscheidung treffen und auch keine Verantwortung dafür übernehmen, was du fühlst. Konditionierung passiert unbewusst. Aber hier und jetzt als erwachsene Person kannst du bewusst Ausschau nach solchen alten emotionalen Programmen halten und sie identifizieren. Diejenigen Programme, die dir dienlich sind, kannst du bewusst beibehalten und dir zu eigen machen, und bei den anderen wird es

Zeit, sie an ihre Besitzer zurückzugeben. Dieser Prozess ist Teil der von mir bereits mehrfach genannten Gefühlsarbeit, bei der du dich bewusst von solchen emotionalen Programmierungen befreien kannst. Es ist Teil des Erwachsenwerdens, Verantwortung für die eigenen Gefühle und Emotionen zu übernehmen, um immer weniger aus der Eltern-Emotion heraus automatisch zu reagieren und stattdessen authentisch zu werden und eine bewusste Wahl zu treffen.

Die Kind-Emotion

Während die Eltern-Emotion eine unbewusst übernommene Emotion darstellt, die eigentlich jemand anderem gehört, ist die sogenannte Kind-Emotion eine Emotion, deren Ursprung in deiner eigenen Vergangenheit liegt. Sie basiert meist auf einer als traumatisch empfundenen, schmerzlichen Erfahrung in deiner Kindheit oder frühen Jugend, in welcher es für dich nicht sicher war, deine Gefühle zum Ausdruck zu bringen, oder in der deine Gefühle nicht gehört wurden. Dabei muss es sich nicht um die großen, klassischen, in der Psychologie beschriebenen Traumata wie erlebte Naturkatastrophen, Krieg oder Folter handeln. Es reichen auch weniger dramatisch erscheinende Ereignisse wie persönliche Angriffe, emotionaler Missbrauch, Vernachlässigung, körperliche Züchtigung, Scheidung der Eltern oder Ähnliches, um eine entsprechende emotionale Programmierung zu erzeugen. Das kann zum Beispiel die Situation sein, dass du als Kind von einem Elternteil verlassen wurdest. Vielleicht haben sich deine Eltern getrennt, als du noch klein warst. Und deine Eltern waren in dieser Situation schon mit ihren eigenen Gefühlen überfordert und waren nicht in der Lage, sich auch noch um deine Gefühle zu kümmern. Vielleicht hast du in dieser Situation als Kind große Angst, Wut und Traurigkeit verspürt, weil beispielsweise dein Vater die Familie verlassen hat. Du konntest diese Gefühle aber nicht ausdrücken und nicht direkt an den Mann bringen. Du hast diese Situation als Kind dann eben so gut wie möglich ausgehalten und gelernt, deine Gefühle wegzupacken. So hat diese Erfahrung bei dir eine Art emotionalen Abdruck hinterlassen, den du im Erwachsenenalter immer noch mit dir herumträgst. Dieser emotionale Abdruck besteht einerseits aus den unausgedrückten Gefühlen, die immer noch in deinem Körper gespeichert sind, und andererseits meist auch aus einer oder mehreren Entscheidungen, die du damals unbewusst oder auch bewusst getroffen hast. In unserem Beispiel hast du als Kind die Situation vielleicht so gedeutet, dass du es nicht wert bist, geliebt zu werden, oder dass du dich auf Männer nicht verlassen kannst. Und diese Entscheidungen und unausgedrückten Gefühle wirken in deinem Erwachsenenleben wie rote Knöpfe, die immer dann gedrückt werden, wenn du in eine Situation gerätst, in der Ähnliches passiert. Es kann also sein, dass du als Erwachsener in deiner Partnerschaft immer Angst verspürst, verlassen zu werden. Dein Partner macht nur eine kleine Bemerkung, die du aus dem emotionalen Abdruck der Vergangenheit heraus interpretierst, und schon versinkst du in bodenloser Traurigkeit oder Angst, verlassen zu werden. Und dein Partner weiß gar nicht, wie ihm geschieht, denn er weiß nicht, dass er gerade bei dir einen roten Knopf gedrückt hat, der eigentlich gar nichts mit der aktuellen Situation zu tun hat. Es ist wie die Reaktivierung eines unbewussten Gefühlsprogramms, das du selbst in deiner Kindheit in einer traumatischen Situation installiert hast. Und wenn du in diesem Zustand mit deinem Partner sprichst, also aus dieser unbewussten alten Emotion heraus, sprichst du eigentlich nicht mit deinem Partner, sondern mit einem Elternteil. Denn dein Partner hat im Grunde überhaupt nichts mit dieser Emotion zu tun. Er hat einfach nur, ohne es zu wissen, ein uraltes emotionales Programm in dir ausgelöst. Und dann landet ihr beide ganz schnell wieder im Niederen Drama, da die Unbewusstheit dazu führt, dass du emotionale Wut (= Täter-Wut), emotionale Traurigkeit (= Opfer-Traurigkeit) oder emotionale Angst (= Retter-Angst) ausagierst und dein Partner entsprechend darauf reagiert, weil er ja wiederum nicht weiß, dass er eigentlich gar nicht gemeint ist. Im schlimmsten Falle wird auch bei ihm durch deine Reaktion ein altes Programm ausgelöst, und ihr beide landet in einem emotionalen Sumpf, aus dem ihr nur schwer wieder herausfindet.

Und glaub mir, jeder von uns trägt einen ganzen Rucksack voller solcher alter emotionaler Abdrücke mit sich herum, die dazu führen, dass aktuelle Situationen uralte Programme auslösen. Du kannst davon ausgehen, dass, wenn du dich das erste Mal bewusst mit dem Thema Gefühle beschäftigst, indem du zum Beispiel dieses Buch liest, es sich bei den meisten deiner Gefühlsregungen um Emotionen handelt und nicht um Gefühle. Und ein Großteil dieser Emotionen sind Kind-Emotionen aus vergangenen schmerzhaften oder überfordernden Erlebnissen.

Diese Kind-Emotionen sind so lange in dir aktiv, bis sie im Hier und Jetzt geheilt werden. Jede Kind-Emotion ist eine Chance auf Heilung und gibt dir somit die Möglichkeit, mit alten Traumata und tiefen Verletzungen aus deiner Vergangenheit endlich aufzuräumen. Hierzu bietet die bewusste Gefühlsarbeit ebenfalls Werkzeuge an, um die traumatische Situation aus der Kindheit noch einmal auf der emotionalen Ebene zu durchleben, unausgesprochene Gefühle auszudrücken und Entscheidungen, die du damals unbewusst getroffen hast, zu identifizieren. Diese Situationen in einem sicher gehaltenen Raum aus deinem Erwachsenen-Ich heraus zu betrachten und zu würdigen und dann neue Entscheidungen zu treffen, führt zu einer tiefen und nachhaltigen Heilung dieser emotionalen Abdrücke und zu echten Veränderungen in deinem Leben, sodass du nicht weiterhin durch deine Vergangenheit gezwungen bist, die alten Muster abzuspielen. Meiner Erfahrung nach ist dieser emotionale Rucksack nach ungefähr zehn bis fünfzehn Gefühlsprozessen so weit geleert und die entsprechenden traumatischen Erfahrungen geheilt, dass du mit dem Rest gut umgehen kannst und im Zweifelsfall leicht identifizieren kannst, ob es sich um ein Gefühl oder eine Kind-Emotion handelt.

Die Gremlin-Emotion

Eine weitere Emotion ist die sogenannte Gremlin-Emotion. Über den Gremlin habe ich schon im Kapitel 5 über das Niedere Drama gesprochen. Der Gremlin ist einfach ein Name für den Teil in dir, der keine Verantwortung übernehmen will – deine Schattenseite. Und wie bereits erwähnt, liebt dieser Teil in dir Niederes Drama, Streit und Gejammere – eben alles, was zum Niederen Drama dazugehört. Er ernährt sich quasi davon – das ist eine seiner Lieblingsspeisen. Und hier kommt die Gremlin-Emotion ins Spiel. Kennst du Tage, an denen du aufwachst und sofort anfängst, deine Feinde zu zählen? Du bist heute einfach mies drauf und das ohne irgendeinen Grund. Du bist wütend, genervt und jeder, der dir über den Weg läuft, wird Opfer dieses emotionalen Zustandes? Und wie gesagt, es gibt keinen Auslöser dafür, keinen Grund – gar nichts. Einfach nur schlechte Laune. Dieses Schlecht-drauf-Sein kann sich auch in grundloser Traurigkeit äußern. Ich selbst nenne das gerne meinen Weltschmerztag. Heute ist alles doof. Ich bin zu dick, zu hässlich, kriege nichts hin und keiner liebt mich. Ich bin ein Häufchen Elend – und das alles ohne irgendeinen Auslöser. Es gibt keinen Grund, keine Situation, die dazu geführt hat. Kennst du das? Ich glaube, jeder von uns erlebt ab und an solche Tage. Und wenn du genau hinschaust, gibt es doch einen versteckten Grund dafür: Dein Gremlin hat einen Mordshunger und braucht seine Portion Niederes Drama!

Da ich meinen Gremlin mittlerweile gut kenne und auch die Gremlin-Emotion gut erkennen kann, warne ich an solchen Tagen sicherheitshalber rechtzeitig meinen Mann: »Schatz, was ich heute sage, hat nichts mit dir zu tun. Heute ist Weltschmerztag.« Und mittlerweile weiß er auch, was das bedeutet, und nimmt nichts persönlich, was ich in meiner Gremlin-Emotion so von mir gebe. Na ja, er versucht es zumindest. Und das ist auch die einzige vernünftige Art, wie du der Gremlin-Emotion beikommen kannst. Die erste Voraussetzung ist, dass du anerkennst, dass es überhaupt einen Schattenanteil in dir gibt. Solange du leugnest, dass dieser Anteil in dir existiert, lacht sich dein Gremlin insgeheim ins Fäustchen. Denn das gibt ihm leichtes Spiel, dich selbst und deine höchsten Ziele unbewusst zu sabotieren. Wenn du also akzeptierst, dass es diesen Teil in dir gibt, besteht der nächste Schritt darin, diesen Teil wirklich gut kennenzulernen. Herauszufinden, welche Tricks er auf Lager hat, wovon er sich am liebsten ernährt und wann er normalerweise zuschlägt. Im nächsten Schritt ist es wichtig, eine Beziehung zu diesem Teil in dir aufzubauen. Und dazu gehört es eben, ihn regelmäßig bewusst zu füttern – nach einem von dir aufgestellten Fütterungsplan. Diese Maßnahmen werden das Auftauchen von Gremlin-Emotionen schon mal um einen Großteil reduzieren. Und wenn du deinen Gremlin gut kennst, erkennst du eben auch schnell Gremlin-Emotionen in dir und kannst bewusst damit umgehen, dein Umfeld warnen und dafür sorgen, dass deine Beziehungen möglichst wenig darunter leiden.

Aus meiner eigenen Erfahrung heraus – insbesondere als Frau – gibt es noch mindestens eine weitere Art der Emotion, nämlich eine Art biologisch induzierte Emotion. Zum Beispiel hormonell bedingt bei Frauen, kurz bevor ihre Periode beginnt oder während der ersten Tage ihrer Periode. Dieser emotionale Zustand fühlt sich für mich ähnlich an wie der unter der Gremlin-Emotion beschriebene Weltschmerztag – außer, dass ich genau berechnen kann, wann dieser Zustand eintritt. Es gibt keinen äußeren Grund oder bestimmten Trigger. Es handelt sich einfach um eine bestimmte Zeit im weiblichen Zyklus. Und auch hierbei hilft – ähnlich wie bei der Gremlin-Emotion – die Bewusstheit darüber und ein bewusster Umgang mit dieser Art der Emotionalität in dieser besonderen Zeit. Sich bewusst zu machen, dass es sich lediglich um eine hormonelle Reaktion handelt, die dich empfindsamer macht in Bezug auf die Reize und Trigger deiner Umwelt oder auch deiner Innenwelt. Und dass dieser Zustand nicht für ewig bestehen bleibt, sondern nur für ein paar Stunden oder ein bis zwei Tage. Sei einfach behutsam mit dir selbst in dieser Zeit, warne dein Umfeld, wenn möglich, und akzeptiere, dass du heute dünnhäutig und leicht entzündbar bist. Versuche in dieser Zeit bewusst, Niederem Drama aus dem Weg zu gehen.

Der Nutzen von Emotionen liegt in der Chance auf Heilung und Bewusstheit

Lass uns noch einmal zurückkommen zur grundsätzlichen Unterscheidung zwischen Gefühlen und Emotionen. Emotionen fühlen sich genauso an wie Gefühle, dauern aber länger und haben in der Regel nichts mit der aktuellen Situation, in der du dich befindest, zu tun. Sie werden nur durch bestimmte Trigger ausgelöst. Das Dumme ist, solange du Gefühle für nicht okay hältst und unterdrückst, kannst du in dem Moment nicht unterscheiden, ob es sich um ein Gefühl oder eine Emotion handelt. Du wirst einfach automatisch reagieren, als wenn ein Computerprogramm in dir anspringen und ablaufen würde. Und dadurch erzeugst du ständig die gleichen Resultate, wie du sie in der ursprünglichen Situation in deiner Kindheit oder durch deine Eltern erlebt hast. Oder du erzeugst das, worauf dein Gremlin gerade Lust hat. Und wenn du dir das mal auf der Zunge zergehen lässt, gibt das ziemlich wenig Spielraum zum bewussten Handeln oder für positive Veränderung. Du bist dann Gefangener deiner Emotionen, wie eine Maschine, die immer das gleiche Programm abspielt, je nachdem welchen Knopf dein Gegenüber, die Umstände oder du selbst gerade drückst. Vielleicht kennst du das ja, dass du in Beziehungen immer wieder in dieselbe vertrackte Situation kommst? Und du fragst dich vielleicht, warum du dich immer in denselben Typ Mann oder Frau verliebst, mit dem/der es dann immer wieder so endet? Oder dass du immer noch Existenzangst fühlst und aus ihr heraus handelst, obwohl dein Kontostand keinen Grund zur Besorgnis gibt? Oder dass du immer wieder beruflich an einen Punkt kommst, wo du das Gefühl hast, nicht weiterzukommen, weil dein Chef dich daran hindert? Das alles sind mit hoher Wahrscheinlichkeit emotionale Muster aus der Vergangenheit, die du immer wieder durchläufst.

Erst wenn du die Kraft des bewussten Fühlens wieder für dich zurückeroberst, indem du beispielsweise eine Zeit lang Gefühlsarbeit betreibst, wirst du in die Lage versetzt, Gefühle von Emotionen zu unterscheiden. Und diese Unterscheidungsfähigkeit verleiht dir die Möglichkeit einer Wahl, die du vorher nicht hattest. Vorher sind einfach alte Programme abgelaufen, aus denen heraus du automatisch reagiert hast. Mit der neuen Unterscheidungsfähigkeit im Erwachsenen-Ego-Zustand bist du in der Lage, einen klitzekleinen Spalt zwischen Auslöser und Reaktion zu setzen. In dieser winzigen Pause kannst du bewusst wahrnehmen, wo du dich gerade befindest – Gefühl oder Emotion? Und dann entsprechend authentisch reagieren. Handelt es sich um ein authentisches Gefühl, könntest du das Gefühl verantwortlich nutzen, um zum Beispiel im Falle von Wut eine Grenze zu setzen. Handelt es sich um eine Emotion, könntest du beispielsweise authentisch darüber sprechen, was gerade in dir vorgeht, anstatt dein Gegenüber anzugreifen, zu beschuldigen oder sich als Opfer auszugeben. »Schatz, ich merke gerade, wie ich innerlich wütend werde. Und mir wird gerade bewusst, dass das eine uralte Wut ist, die ich aus meiner Kindheit kenne, in der mein Vater sich immer wieder über mich lustig gemacht hat, wenn …«. Werner Erhard, ein bekannter amerikanischer Autor und Trainer, sagte einmal:

»Bis du deine Beziehung zu deinen Eltern verarbeitet hast, wird es in all deinen Beziehungen immer um deine Eltern gehen.«

Werner Erhard, US-amerikanischer Autor und Dozent

Also, je schneller du damit anfängst, bewusst deinen alten emotionalen Kram aufzuräumen, desto früher kannst du beginnen, in deinem Leben und deinen Beziehungen deine authentischen Gefühle zu benutzen, um das zu kreieren, was du wirklich willst.

Vielleicht kannst du dir noch nicht vorstellen, jemals so besonnen reagieren zu können, wenn Wut oder Traurigkeit oder Angst in dir aufsteigt? Aus eigener Erfahrung kann ich sagen, dass du genau diese Unterscheidungsfähigkeit lernen kannst. Und dass sie überaus nützlich ist – gerade in Beziehungen. Und ja, es dauert ein bisschen, bis du in der Lage sein wirst, diesen Spalt zwischen Reiz und Reaktion zu setzen. Im ersten Schritt wirst du vielleicht erst Tage später auf eine Situation zurückblicken, in der deine emotionalen Programme am Werk waren, und vielleicht authentisch traurig darüber sein, dass es wieder passiert ist. Und dieser authentische Schmerz der Traurigkeit könnte dich dazu anspornen, weiter zu üben, weil es dir wichtig ist und am Herzen liegt. Und je mehr du übst, desto früher wirst du die Unterscheidung zwischen Emotion und Gefühl treffen können. Irgendwann bist du dann so weit, dass du es merkst, während du mitten drin bist, automatisch zu reagieren. Und dann irgendwann, mit weiterer Übung, wirst du in der Lage sein, statt automatisch zu reagieren kurz innezuhalten, weiterzuatmen und in Sekundenschnelle wahrzunehmen, wo du dich befindest, und dann zum Beispiel eine Art Metagespräch, also ein Gespräch über das, was gerade passiert, zu führen, anstatt automatisch Emotionen auszuagieren.

Du könntest jetzt natürlich auf die Idee kommen, dass nicht Gefühle, sondern Emotionen der eigentliche Feind sind und diese als böse und negativ abstempeln. Bitte tu das nicht!

Gefühle geben Kraft zum Handeln. Emotionen geben die Möglichkeit zur Heilung.

Eine solche Geschichte wäre genauso wenig nützlich wie die ursprüngliche Geschichte, dass Gefühle nicht okay sind. Das würde dich nicht aus dem Teufelskreis der alten Gefühlskonditionierung entlassen. Eine viel nützlichere Geschichte besteht darin, dass du Emotionen wie gelbe Post-it-Zettel auf deinem Kühlschrank oder deiner To-do-Liste betrachtest. Jedes Post-it gibt dir die Information: »Achtung: hier will noch etwas gewürdigt, geheilt, geklärt oder transformiert werden. Vergiss das nicht! Ich werde dich immer wieder daran erinnern«. Das ist zwar nervig – aber nützlich! Jede Emotion öffnet dir eine Tür, um deinem Erwachsenen-Ich und deiner eigenen Autorität und Kraft ein Stück näherzukommen und mit deiner Vergangenheit abzuschließen.

Mittlerweile hast du wahrscheinlich erkannt, dass es Sinn macht, Gefühle und Emotionen zu unterscheiden und voneinander zu trennen. Diese Unterscheidung entspricht allerdings wiederum nicht der allgemein anerkannten Lehrmeinung! Du wirst sie in Psychologie-Büchern wahrscheinlich nicht finden. Und es gibt Kontexte, die Gefühle und Emotionen auf andere Art unterscheiden. Da werden Emotionen eher als ausgedrückte Gefühle definiert, aufgrund der Wortherkunft aus dem Lateinischen. Das lateinische »emovere« heißt »herausbewegen«. Die in diesem Buch beschriebene Unterscheidung ist nach meiner Auffassung sehr viel nützlicher. In meinem Leben hat es einen wirklich großen Unterschied gemacht, diese Unterscheidung zu treffen und dadurch mehr Handlungsmöglichkeiten zur Verfügung zu haben. Das Niedere Drama in meinem Leben wurde dadurch immer weniger und machte Platz für authentische Lebendigkeit und eine andere Art von Intensität in meinen Beziehungen. Klingt das attraktiv für dich? Dann vergiss bitte den Mythos von Gefühl

= Emotion und werde dir bewusst, wer gerade am Steuer sitzt: Täter oder Krieger? Opfer oder Liebender? Retter oder Magier? Gremlin oder König? Und dann treffe eine authentische, bewusste Wahl.

Ausgedienter Mythos

Emotion und Gefühl sind einfach nur zwei Bezeichnungen für ein und dieselbe Sache.

Neue Unterscheidung

Gefühle passieren im Hier und Jetzt und geben uns Information und Kraft zum Handeln. Emotionen kommen aus der Vergangenheit, aus unbewusster Konditionierung oder aus unserer Schattenwelt und führen meist zu Niederem Drama. Um aus emotionalen Zuständen herauszukommen braucht es Heilung und Bewusstwerdung.

Experiment 8: Eltern-Emotionen identifizieren

In diesem Experiment geht es darum, Eltern-Emotionen aufzuspüren. Spiele den Detektiv und Schnüffler und finde heraus, welche Emotionen und emotionalen Reaktionen gar nicht auf deinem eigenen Mist gewachsen sind, sondern du von deinen Eltern, Lehrern, den Medien, den gesellschaftlichen Normen und Paradigmen übernommen hast.

Hier ein paar nützliche Fragen für deine Ermittlungen:

- In Bezug auf was fühlst du Angst, obwohl du selbst noch keine Erfahrung mit einer solchen Situation gemacht hast?
- Für welche Art von emotionaler Manipulation bist du empfänglich – wenn du zum Beispiel die Werbung im Fernsehen siehst oder die Nachrichten liest? Wann und in Bezug auf was steigt dabei Angst, Wut, Traurigkeit oder Freude in dir auf?
- Über was waren deine Eltern oder engen Bezugspersonen immer wieder wütend, ängstlich, traurig oder froh? Ist das bei dir genauso? Warum?
- Wann und in Bezug auf was ist Wut, Angst, Traurigkeit oder Freude in der Kultur, in der du aufgewachsen bist, üblich? Kennst du diese Reaktionen auch bei dir selbst?
- Zu welcher Gruppe von Menschen hast du schon einmal versucht, dazuzugehören, und hast dafür die in dieser Gruppe üblichen Gefühle übernommen? Welche Gefühle waren das?

Mythos Nr. 9:
Liebe ist ein Gefühl; Liebe ist das Gegenteil von Angst

Ein weiterer, sehr hartnäckiger Mythos, dem wir in der Regel nachhängen und der aus meiner Sicht wenig nützlich ist, ist die Annahme, dass Liebe ein Gefühl sei. Du bist verliebt (habe ich schon erwähnt, dass Verliebtsein eine Gefühlsvermischung aus Freude und Angst ist?), verwechselst dieses aufrührende Gefühlschaos mit Liebe und glaubst so, dass Liebe ein Gefühl ist.

Wahrscheinlich hast du aber auch Folgendes schon mal gehört. In vielen spirituellen Disziplinen gibt es die Position: Entweder du tust etwas aus Angst oder aus Liebe. Es wird erklärt, dass es – reduziert auf den Kern – nur zwei Grundmotivationen für unser Handeln gibt, eben entweder Angst oder Liebe. Als ich vor vielen Jahren das erste Mal darüber gelesen habe, konnte ich diesen Gedanken gut nachvollziehen. »Ja, genau!«, dachte ich damals und beobachtete mich dahingehend, wann ich etwas aus Angst und wann aus Liebe tat. Mittlerweile denke ich anders darüber, weil ich diese vielen interessanten Unterscheidungen in Bezug auf Gefühle erhalten habe, die ich damals noch nicht kannte. Und weil meine Angst für mich mittlerweile zum Freund geworden ist. Ich verstehe zwar, was damit gemeint ist, glaube aber, dass die Worte, die benutzt werden, um zu beschreiben, was dahintersteckt, unglücklich gewählt sind. Die Wahl der Worte führt nämlich unweigerlich dazu, dass unsere Haltung zur Angst, wie schon früher beschrieben, negativ belegt wird und auch bleibt. Die Wahl der Worte beinhaltet die Gefahr, dass du wertest: Etwas aus Angst zu tun, ist schlecht und etwas aus Liebe zu tun, ist gut. Und das engt dein Spielfeld und deine Möglichkeiten gewaltig ein!

Dass Angst und Liebe Gegenspieler sind, ist New-Age-Nonsens

Lass uns mal genauer hinschauen. Ist Angst wirklich das Gegenteil von Liebe? Angst ist ein Gefühl – nämlich neben Wut, Traurigkeit und Freude eines unserer vier primären Grundgefühle. Gefühle sind wie bereits beschrieben etwas zutiefst Menschliches und unweigerlich mit dem Menschsein verbunden. Und wie ich dir bereits dargelegt habe, ist Angst unglaublich nützlich – ohne Angst würden wir wahrscheinlich nicht so lange leben und es gäbe nur wenig Fortschritt. Und Liebe? Entgegen der weitläufigen Meinung ist Liebe kein Gefühl. Liebe ist etwas viel Größeres als ein Gefühl. Liebe ist ein Prinzip, ein Wert, eine Haltung, eine archetypische Naturgewalt, etwas Überpersönliches, das durch uns hindurch in dieser Welt wirken kann. Wenn man es also genau betrachtet, spielen Angst und Liebe noch nicht mal in derselben Liga. Wie sollen die beiden da also Gegenspieler sein? Das wäre ungefähr so, als wolltest du eine Banane mit dem Atlantik vergleichen und würdest sagen, die Banane sei das Gegenteil des Atlantiks. Unsinn!

Echte Liebe ist bedingungslos und ohne Wertung. Wenn du etwas liebst, dann heißt das, dass es dir wichtig ist, dass es dich begeistert, dass du es über die Maßen schätzt, achtest und verehrst. Wenn das der Fall ist, können übrigens alle vier Gefühle dich dazu motivieren, etwas zu tun oder zu lassen. Wenn du etwas liebst, dann wirst du zum Beispiel wütend, wenn dieses etwas (das kann auch ein Mensch sein) von jemandem angegriffen, verletzt oder in Gefahr gebracht wird. Wenn jemand dein Kind ungerecht behandelt, wirst du wütend, weil du dein Kind liebst und weil es dir nicht egal ist. Und dann wirst du mit hoher Wahrscheinlichkeit deine Wut nutzen und einschreiten. Oder auch wenn jemand deine eigenen Grenzen überschreitet, vielleicht sogar dein Kind, und du Zugang zu deiner erwachsenen Wut hast, dann wirst du die Wut nutzen, um deinem Kind eine Grenze zu setzen, weil du möchtest, dass deine Grenzen geachtet werden und dein Kind gleichzeitig lernt, Grenzen wahrzunehmen und zu achten. Hier ist sowohl die Liebe zu dir selbst als auch die Liebe zu deinem Kind im Spiel, und deine Wut dient dir in diesem Fall als Werkzeug der Liebe. Dein Krieger ist hier im Auftrag des Prinzips Liebe tätig. Hättest du das gedacht, dass Wut, die in unserer Gesellschaft als dermaßen negativ bewertet wird, wenn sie bewusst und verantwortlich genutzt wird, tatsächlich der Liebe dienen kann? Mach dir das wirklich mal bewusst!

Und genauso ist es mit den anderen Gefühlen – auch mit der Angst. Hier wieder ein kleines persönliches Beispiel. Ich liebe die Natur und unseren Heimatplaneten. Meine Liebe gilt allem Lebendigen. Wenn ich aber in die Welt hinausschaue und darüber nachdenke, in welchen Zustand wir Menschen diesen Planeten gebracht haben, dann steigen in mir unweigerlich Gefühle auf: Zunächst einmal Traurigkeit, weil wir das so leichtfertig zerstören, was unsere Lebensgrundlage und mir persönlich lieb und teuer ist. Manchmal werde ich auch wütend über die Ignoranz, die noch weitverbreitet ist in Bezug auf die Themen Klimawandel und Umweltverschmutzung. Und ja, ich fühle auch Angst, dass wir die ganze Zerstörung, die wir verursachen, nicht mehr rechtzeitig stoppen können. Und jedes Mal, wenn ich in der Natur bin, fühle ich Freude und Begeisterung über so viel Schönheit und Vielfalt. Und all diese Gefühle sind da, weil ich die Natur so liebe. Wenn sie mir egal wäre, würde ich wahrscheinlich keines dieser Gefühle empfinden.

Und weil ich gelernt habe, meine Gefühle zu nutzen, dienen sie mir als Treibstoff und Informationsquelle, um in meinem Einflussbereich auch entsprechend zu handeln. So macht mich meine Angst wach und kreativ. Ich benutze keine Einmal-Gegenstände mehr, habe immer meine eigene Tasse dabei für den Coffee to go, bin so wach, dass ich meine Einkaufstasche nicht vergesse, und bin findig im Reduzieren meines Plastikmülls. Und all das tue ich aus Liebe und gleichzeitig geführt von meiner erwachsenen, verantwortlichen Angst, die aus dieser Liebe entspringt und die dieser Liebe dient. Vergiss also bitte den Unsinn, dass Angst das Gegenteil von Liebe ist. Erwachsene Angst ist wohl eher die Assistentin der Liebe, wie auch die anderen drei Gefühle, wenn sie erwachsen und verantwortlich genutzt werden. Dein Magier – also der Archetypus der bewussten, verantwortlichen Angst – kann eben auch im Auftrag des Prinzips Liebe handeln.

Bewusste, verantwortliche Gefühle dienen als Assistenten der Liebe

Und da sind wir auch schon am Kern des Pudels. Das, was mit »Entweder du tust etwas aus Liebe oder aus Angst« eigentlich gemeint ist, ist die Unterscheidung, ob du etwas aus deinen authentischen erwachsenen Gefühlen heraus tust oder aus einer Emotion heraus und um Gefühle, wie Angst, zu vermeiden. Eigentlich müsste der Satz korrekt heißen: »Entweder du tust etwas aus Liebe oder du tust etwas, um Angst zu vermeiden (also aus Angst vor der Angst)«. Wie du jetzt bereits weißt, gibt es nämlich zwei Möglichkeiten, um mit der Angst umzugehen: Bewusst und verantwortlich oder unbewusst und unverantwortlich. Angst als Gefühl oder Angst als Emotion. In der Regel tun wir letzteres, weil wir in unserer Gesellschaft nicht lernen, mit unseren Gefühlen und damit auch mit unserer Angst umzugehen. Wir haben gelernt, dass Angst etwas ist, was unbedingt vermieden werden muss. Deshalb haben wir in unseren Gehirnen die Angst verkabelt mit »gefährlich« oder »todbringend« und damit »negativ«. Und wir haben uns einen Mechanismus zugelegt, der sich »die Angst vor der Angst« nennt. Die Angst vor der Angst führt dazu, dass du noch nicht einmal deinen großen Zeh über die Grenze deiner Komfortzone schiebst, um zu prüfen, wie es sich dort draußen anfühlt. Sie lässt dich schön dort verweilen, wo es gemütlich, vermeintlich sicher und bekannt für dich ist – selbst wenn dir dieser Bereich verhasst ist oder dich von deinem eigentlichen Potenzial abschneidet. Die Angst vor der Angst ist keine echte Angst, kein Gefühl, sondern eine Emotion, die du teilweise von anderen (beispielsweise deinen Eltern, den Medien, der Gesellschaft) übernommen hast und teilweise durch eigene Erfahrungen aus deiner Vergangenheit gespeist wird – die aber nichts mit der aktuellen Realität zu tun hat. Dennoch ist sie so stark, dass sie dich daran hindert, deine Bestimmung in Aktion zu sein und das zu tun, was du liebst.

Gehen wir noch einmal zurück zur Liebe. Was ist mit der Liebe, welche Rolle spielt sie in diesem Spiel? Wenn du unbewusst versuchst, Angst zu vermeiden, dann nutzt du deine Angst unbewusst und unverantwortlich und erzielst dadurch auch unbewusste und unverantwortliche Ergebnisse. Ein Beispiel: Vielleicht möchtest du seit Jahren schon deiner Berufung folgen und etwas tun, das du wirklich liebst. Jede Veränderung und jeder Schritt ins Unbekannte sind natürlicherweise mit Angst verbunden. Weil du aber unbewusst Angst vor der Angst hast und

Angst ist nicht das Gegenteil von Liebe. Verantwortlich genutzte Angst dient der Liebe.

Angst vermeiden willst, nutzt du deine Angst unverantwortlich dazu, dir tausend Gründe auszudenken, warum es nicht möglich ist, den ersten Schritt in Richtung deiner Berufung zu gehen (»Das geht jetzt noch nicht, denn wir müssen erst das Haus abbezahlen«; »In deinem Alter – noch mal völlig neu anfangen – wie stellst du dir das vor?«; »Denkst du eigentlich auch mal an deine Familie? Die Kinder brauchen dich doch!«). Oder du suchst dir zielsicher Menschen in einem Umfeld aus, die dich darin bekräftigen, dass es nicht geht und dass du doch lieber vernünftig sein solltest. Und das Ergebnis? Du bleibst stecken im Hamsterrad des Überlebens. Du jammerst den lieben langen Tag über deine ausweglose Situation. Du beschuldigst andere, die Umstände oder dich selbst dafür, dass es dir schlecht geht, und so weiter. Du erinnerst dich? Niederes Drama in Reinform! Das sind die unverantwortlichen Ergebnisse, die unbewusst erzielt werden – denn bewusst würdest du natürlich viel lieber andere Ergebnisse erzielen. Es sind sogenannte Schattenprinzipien, wie Neid, Konkurrenz, Beschuldigung, Bequemlichkeit oder Getrenntsein, die dadurch genährt werden.

Liebe dagegen ist ein sogenanntes helles Prinzip – eines von vielen hellen Prinzipien. Andere helle Prinzipien sind zum Beispiel: Klarheit, Schönheit, Möglichkeit, Verbindung, Achtsamkeit, Qualität, Integrität, Entwicklung, Transformation oder Authentizität. Wenn du deine Gefühle bewusst und verantwortlich nutzen kannst, dann kannst du auch verantwortliche Ergebnisse erzielen. Um im oben genannten Beispiel zu bleiben, ginge das vielleicht wie folgt: Du möchtest seit Jahren schon deiner Berufung folgen, du hast aber Angst, weil du nicht weißt, wie es geht. Du bist dir dieser Angst bewusst und nutzt diese Angst auch bewusst. Zum Beispiel lässt du dich von deiner Angst darüber informieren, wen du am besten um Hilfe bittest. Deine Angst würde dir sofort die richtige(n) Person(en) nennen, nämlich jemanden, der offen und berührbar ist für die Idee, die eigene Berufung zu leben. Vielleicht jemanden in deinem Bekanntenkreis, der das selbst schon tut oder auf dem Weg ist. Im nächsten Schritt würdest du deine Angst dazu nutzen, genau diese Person anzurufen, selbst wenn deine Hände zittern, wenn du die Nummer wählst. Du würdest deine Angst nutzen, um vielleicht Folgendes zu sagen: »Hallo, ich habe eine ungewöhnliche Bitte an dich. Ich sehne mich schon seit Jahren danach, meiner Berufung zu folgen und ich habe keine Ahnung, wie ich das anstellen soll. Könntest du mir bitte dabei helfen, herauszufinden, wie ich das Ganze angehen könnte?« Kannst du dir vorstellen, wie das weitergeht? Spürst du, wie sich leise ein Lächeln auf deinem Gesicht und Freude in deinem Körper ausbreitet? Oder stell dir vor, du bist die Person, die angerufen wurde, und der andere hätte das zu dir gesagt. Du würdest vielleicht antworten: »Wow, super! Ich bewundere deinen Mut. Ist dir eigentlich aufgefallen, dass du den ersten Schritt schon getan hast? Wie wäre es, wenn wir uns gemeinsam auf den Weg machen, ich würde nämlich auch gerne meine Berufung finden.«

Und nun vergleiche einfach mal die verantwortliche Variante mit der unverantwortlichen, emotionalen Variante. Bemerkst du den Unterschied? Gefühle bewusst und verantwortlich zu nutzen kann zu völlig anderen Ergebnissen führen. Sie dienen hellen Prinzipien, wie eben Liebe oder Verbindung, Würde, Spaß auf hohem Niveau, und können dazu führen, dass du zu deiner Bestimmung in Aktion wirst. Und dennoch ist die Angst da. Sie darf sogar da sein, sie hat ihren Zweck und wird genutzt! Angst ist Angst. Liebe ist Liebe. Und es könnte nützlich sein, dich selbst bei allem, was du tust oder lässt, zu fragen: »Was ist meine Absicht? Will ich gerade Angst vermeiden? Handle ich aus einem authentischen Gefühl heraus oder aus einer uralten Emotion?«

Und jetzt vergiss bitte schleunigst den undifferenzierten Mythos, dass Angst das Gegenteil von Liebe ist oder dass Liebe ein Gefühl ist.

Ausgedienter Mythos

Liebe ist ein Gefühl.
Liebe ist das Gegenteil von Angst.

Neue Unterscheidung

Angst ist eines unserer nützlichen Grundgefühle. Liebe ist ein Prinzip – also etwas viel Größeres als ein Gefühl. Liebe und Angst sind keine Gegenspieler. Bewusste, authentische Gefühle können im Auftrag des Prinzips Liebe genutzt werden. Es ist nicht die Angst, sondern die Angst vor der Angst, die uns davon abhält, das zu tun, was wir lieben.

Experiment 9: Dem Gefühl Angst eine andere Bedeutung geben

Bei diesem Experiment geht es darum, dass du dir darüber bewusst wirst, welche Bedeutung du bisher dem Gefühl Angst beigemessen, wie du es interpretiert hast, und wie du aus dieser Interpretation heraus gehandelt hast oder dich hast stoppen lassen. Wie gesagt, es ist nicht die Angst, die uns stoppen lässt, sondern die Angst vor der Angst – die meist negative Bedeutung, die wir mit dem Gefühl Angst in uns verkabelt haben. Das Experiment besteht darin, dass du dir selbst aufrichtig folgende Fragen beantwortest:

1. Welche Bedeutung habe ich bisher dem Gefühl Angst beigemessen, mit welchen Begriffen habe ich meine Angst verkabelt?

Meistens haben wir Angst mit Bedeutungen verkabelt, wie »gefährlich«, »bedrohlich«, »unangenehm«, »Ich könnte sterben«, »negativ«, »schlecht«, »tut weh«, »Ungewissheit« ...

Nimm dir ein paar Minuten Zeit und schreibe auf, was Angst für dich bedeutet (hat)? Wie hält die Angst dich davon ab, das zu tun, was du tun willst?

2. Was würde ich gerne tun, wenn meine Angst mich nicht davon abhalten würde, wenn Angst für mich kein Hindernis mehr darstellen würde?

Notiere dir all die Dinge, die du vielleicht schon immer mal in deinem Leben tun wolltest, aber dich bisher nicht getraut hast. All die kleinen und großen Abenteuer, die da draußen sehnsüchtig darauf warten, dass du dich mit deiner Angst anfreundest.

3. Welchen Nutzen hatte ich bisher davon, dass ich meine Angst in dieser Weise verkabelt habe und diese Dinge nicht getan habe? Welchen versteckten Nutzen hatte ich darüber hinaus?

Werde dir bewusst darüber, dass du aus deiner alten Geschichte über Angst nicht nur Nachteile, sondern auch Nutzen gezogen hast. Vielleicht fühltest du dich so sicherer oder dein Leben war viel bequemer. Vielleicht konntest du so vermeiden, Fehler zu machen und schlecht dazustehen. Was war dein Nutzen?

4. Bin ich bereit, auf diesen Nutzen zu verzichten, wenn ich anfange, meine Angst mit einer anderen Bedeutung zu verkabeln, damit ich sie im Dienst der Liebe nutzen kann?

Das ist eine simple Ja-Nein-Frage!

Mythos Nr. 10:
Traurigkeit ist dasselbe wie Trauer

Was in unserem Sprachgebrauch auch relativ häufig passiert, ist, dass Traurigkeit und Trauer als Synonyme benutzt werden. Dabei unterscheiden sich die beiden, wenn man es genau nimmt, enorm. Traurigkeit ist, wie bereits des Öfteren erwähnt, neben Angst, Wut und Freude eines unserer vier Grundgefühle. Trauer hingegen ist ein Prozess, der in seinem Verlauf alle vier Gefühle beinhalten kann. Hast du schon einmal von Elisabeth Kübler-Ross gehört? Sie war eine sehr bekannte Schweizer Psychiaterin, die sich intensiv mit dem Tod und der Trauerarbeit befasst hat. In ihren Studien hat sie herausgefunden, dass wir beim Trauern fünf typische Phasen durchlaufen – und zwar nicht linear, eine Phase nach der anderen, sondern in Wellen (Kübler-Ross/Kessler 2006). Das heißt, dass jede Phase im Prozess mehrfach durchlaufen werden kann und auch in unterschiedlicher Dauer und Reihenfolge. Und dieser Prozess der Trauer wird in uns nicht nur dann ausgelöst, wenn wir einen geliebten Menschen verlieren. Diese Trauerphasen können auch auftreten bei größeren Veränderungen in deinem Leben, insbesondere, wenn du diese Veränderung nicht freiwillig gewählt hast. Zum Beispiel, wenn du gefeuert wirst oder dein Partner dich überraschend verlässt. Auch ganz normale Lebensübergänge, wie die Pubertät oder die Wechseljahre, können Trauer auslösen und sich in diesen typischen Phasen ausdrücken:

Die fünf Phasen des Trauerns
nach Elisabeth Kübler-Ross

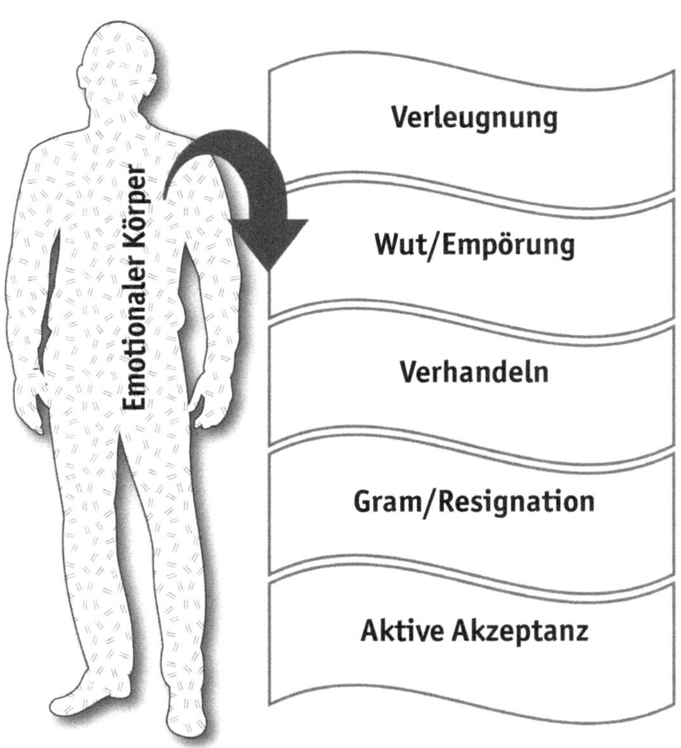

Wenn du dir diese fünf Phasen oder Wellen genauer ansiehst, wirst du merken, dass hinter vier dieser Phasen je ein Grundgefühl steckt. Interessanterweise bestätigen diese Trauerphasen von Frau Kübler-Ross im Grunde auch, dass wir alle nicht gelernt haben, mit Gefühlen umzugehen, beziehungsweise, dass wir in solchen traumatischen Stresssituationen dazu neigen, in gewohnte Überlebens- und Schmerzvermeidungsmuster zurückzufallen. Denn diese Phasen beschreiben meist die unverantwortliche und unbewusste Variante des jeweiligen Gefühls.

Trauer-Welle: Verleugnung

Zu Beginn der plötzlichen Veränderung, also sobald das unerwartete Ereignis eintritt, reagieren wir meist mit einer Welle des Schocks und sind geneigt, uns in Verleugnung oder auch Isolation zu flüchten (Englisch: Denial). Diese Reaktion ist typisch, wenn es für dich noch nicht okay ist, Angst zu fühlen – insbesondere auf einem solch hohen Intensitätsniveau (»Oh mein Gott, nein. Es darf nicht wahr sein! Nein, nein, nein. Bitte lieber Gott, lass es nicht wahr sein! Oh Gott, was soll jetzt nur werden?«). Plötzliche Veränderungen, wie beispielsweise eine unerwartete Kündigung, erzeugen zunächst einmal immer eines: Angst. Erinnerst du dich? Immer, wenn wir Neuland betreten – egal ob selbst gewählt oder nicht – ist Angst unser natürlicher Begleiter. Wenn nun Angst für dich aber nicht okay ist, wird die Verleugnung und Ablehnung der Veränderung umso größer sein, da du versuchen wirst, diese ganz natürlich auftretende Angst zu vermeiden. Also gehen die meisten Menschen in die Verleugnung, versuchen nicht daran zu denken oder vermischen alle auftretenden Gefühle miteinander, um sich taub zu machen. Der Schmerz fühlt sich einfach riesig und unerträglich an. Das kann sogar so weit gehen, dass manche Menschen durch den Schock tatsächlich ohnmächtig werden oder nur noch schlafen wollen – den Schlaf des Vergessens. Isolation ist, wie in einem der vorherigen Kapitel beschrieben, nichts anderes als eine Vermischung von Angst und Traurigkeit. Du ziehst dich komplett zurück, bist wie gelähmt und willst bloß nicht mit irgendjemandem über die Sache reden. Vielleicht ist ja morgen alles wieder gut? Es wäre einfach zu schmerzhaft, anzuerkennen, dass es wirklich passiert ist. Es ist das Schutz- und Überlebensprogramm, welches dir auch bisher durch traumatische Erlebnisse in deinem Leben hindurchgeholfen hat, und daher ist diese Reaktion auch vollkommen angemessen. Manche Menschen stürzen sich in die Arbeit, um abgelenkt zu sein und den Schmerz nicht zu fühlen – je nachdem was deine bevorzugte Taubheitsstrategie ist.

Wäre es für dich allerdings okay, Angst zu fühlen, könnte sie dir in dieser Situation dabei helfen, herauszufinden, was jetzt genau zu tun ist. Du müsstest nicht in die Verleugnung oder in irgendeine Gefühlsvermischung gehen, aus der du nur schwer wieder herauskommst, oder dich betäuben. Du könntest die Angst dazu nutzen, um vorsichtig deine ersten Schritte ins Neuland zu gehen.

Trauer-Welle: Wut/Empörung

Eine zweite von Frau Kübler-Ross beschriebene Phase oder Welle des Trauerns ist die der Empörung oder der Wut (Englisch: Anger). Nachdem der erste Schock über die Veränderung verflogen ist und die Flucht aus der Realität keine Besserung bewirkt hat, setzt bei den meisten Menschen irgendwann Wut und Empörung ein. Du bist wütend auf die Person, die dir das antut (im Falle des Trennungsbeispiels auf deinen Partner) oder auf die Umstände oder das Leben an sich. Warum musste das gerade dir passieren? Das ist doch total ungerecht – du hast nicht verdient, dass der Partner oder das Leben so mit dir umspringt! Es kann durchaus auch sein, dass du wütend auf dich selbst bist, weil du vielleicht nichts gemerkt hast oder nicht früher dieses oder jenes getan hast, um die Veränderung abzuwenden. In dieser Phase steigt immer wieder Wut in dir hoch, und wenn Wut für dich immer noch nicht okay ist, wird daraus meist unbewusste, unverantwortliche Täter-Wut, weil du die Veränderung nicht akzeptieren willst. Du bist weiterhin komplett im Widerstand gegen die Veränderung und versuchst, sie mit allen Mitteln noch irgendwie abzuwenden. Wenn du die Wut dann auch noch mit Angst vermischst, kann dies zu hysterischen Ausbrüchen bis hin zu Panikattacken führen, bei denen du kaum mehr Luft bekommst. Oder, wenn du die Wut mit Traurigkeit vermischst, wirst du trotzig und weigerst dich, auch nur den kleinsten Schritt in Richtung der Veränderung zu gehen. Vielleicht schmiedest du auch heimlich Rachepläne gegen den vermeintlichen Verursacher.

Wenn Wut allerdings okay für dich ist und du gelernt hast, bewusst damit umzugehen, könntest du sie in dieser Phase dafür nutzen, für dich selbst einzustehen, klar zu benennen, was du jetzt brauchst und was du nicht brauchst und dich klar abzugrenzen – ohne die Veränderung einfach nur loshaben zu wollen. Du könntest deine Wut dafür nutzen, um in Aktion zu treten und einen klaren Neubeginn zu wagen.

Trauer-Welle: Verhandeln

Eine weitere typische Phase des Trauerns ist die des Verhandelns (Englisch: Bargaining). Auch hier handelt es sich um eine Phase, in der du noch im Widerstand gegen die Veränderung bist. Doch weder die Verleugnung noch aller Zorn haben bisher geholfen, der Veränderung zu entgehen. Du siehst langsam (oder auch schnell) deine Felle davonschwimmen und greifst nach dem letzten Strohhalm. Bei dieser Welle kommt dein Gremlin – deine Schattenseite – mit ins Spiel und du versuchst mit allen Tricks und emotionalen Kniffen, das Blatt noch zu deinen Gunsten zu wenden. Du fängst an, zu feilschen und zu verhandeln, und lässt dich schlimmstenfalls auch auf faule Kompromisse ein, nur um die Folgen und das Ausmaß der Veränderung für dich so gering wie möglich zu halten. Das kann bei manchen Menschen sogar bis zu emotionaler Erpressung gehen (»Wenn du mich verlässt, wirst du das bitter bereuen«) oder zu Selbsterniedrigung und Bettelei (»Bitte, bitte verlass mich nicht, ich tu auch alles, was du willst«).

Wenn du Bewusstheit über deine Schattenseite hast, könntest du die Schlauheit, Gewitztheit, Schnelligkeit und Kreativität dieses Anteils in dir in dieser Phase stattdessen beispielsweise dafür nutzen, ungewöhnliche und nichtlineare Lösungen und Wege zu finden, um mit der Veränderung umzugehen.

Trauer-Welle: Gram/Resignation

Die nächste Phase des Trauerprozesses nach Kübler-Ross ist die Phase der Resignation, der Depression oder auch der passiven Akzeptanz (Englisch: Depression, Grief). Hier wirst du dir bewusst, dass aller Ärger, Kampf und irgendwelche Tricks keinen Sinn haben. Es bleibt bei der Veränderung und du gibst auf und ergibst dich deinem Schicksal. Es ist die Phase der passiven Akzeptanz. Dein Herz ist gebrochen, du lässt den Schmerz zu und du scheinst in einem Meer von Tränen und Traurigkeit zu ertrinken. Ist Traurigkeit allerdings nicht okay für dich, dann ist die Gefahr groß, dass du durch Gefühlsvermischung in einer Depression landest oder in der unverantwortlichen Opfer-Traurigkeit des Niederen Dramas und weiterhin die Umstände, deinen Partner oder deinen Chef für deine Misere verantwortlich machst. Niederes Drama lässt dich zwar scheinbar den Schmerz leichter ertragen, es ist aber leider nicht dafür geeignet, dein Herz und den emotionalen Schmerz heilen zu lassen. Im Gegenteil, die unbewusst und unverantwortlich ausagierte Traurigkeit lässt in deinem Herzen eine Menge Groll entstehen, der sich dort häuslich einnistet und dich für Jahre, vielleicht sogar bis an dein Lebensende, an diese Opfer-Geschichte bindet und dir keine Möglichkeit für einen echten Neuanfang gibt.

Ist es für dich hingegen okay, Traurigkeit zu fühlen, führt sie dich zielsicher durch das Tal der Tränen hindurch zu einem echten Neubeginn. Diese Welle ist die Zeit für bewusste Traurigkeit, die dir dabei hilft, loszulassen, das Alte, Gewohnte und Liebgewonnene in Würde zu verabschieden und dein Herz heilen zu lassen.

Trauer-Welle: Aktive Akzeptanz

Wenn du dann genug getrauert und die Vergangenheit bewusst verabschiedet hast, wirst du irgendwann mit der letzten Phase des Trauerns beginnen, der Phase der Zustimmung oder aktiven Akzeptanz (Englisch: Acceptance). Du akzeptierst, dass dein Leben sich verändert hat und bist bereit, das Beste daraus zu machen. Du fängst an, neue Pläne zu schmieden und Neues auszuprobieren. Das dahinterliegende Gefühl ist die bewusste Freude, die genau dann wieder in dein Leben einzieht – und zwar ganz automatisch – wenn du auch den anderen Gefühlen genügend Platz im Veränderungs- und Trauerprozess gegeben hast. Bist du allerdings im Sumpf des unbewussten Niederen Dramas stecken geblieben, kann es sein, dass du auch diese Phase und damit das Gefühl Freude unbewusst und unverantwortlich ausagierst. Dies kann sich dann in emotionaler Gremlin-Freude äußern, welche dich immer noch an die alte Situation und die beteiligten Personen bindet. Zum Beispiel in folgender Art und Weise: »Ich werde es dir zeigen! Ich werde etwas viel Besseres finden und dann wirst du neidisch sein! Ich werde Erfolg haben und dann wird es dir leidtun, dass du mich verlassen hast!« In der Art könnte diese unverantwortliche Schadenfreude (Freude mit einer Portion Wut vermischt) dich dann zwar dazu bringen, neue Schritte zu gehen – allerdings zeugt die dahinterliegende Absicht davon, dass du den emotionalen Schmerz und die Verletzung immer noch nicht überwunden und verarbeitet hast. Was daraus entsteht, ist eine weitere emotionale Programmierung, inklusive rotem Knopf, durch den dieses Programm jederzeit getriggert und ausgelöst werden kann.

Unbewusste Trauer versus bewusste Trauer

Ich glaube, zum Unterschied zwischen Traurigkeit und Trauer brauche ich nicht mehr viel erklären. Wenn du genau hinsiehst, ist die Unterscheidung ziemlich klar und nachvollziehbar. Es geht hier lediglich um ein wenig Disziplin im Sprachgebrauch. Viel interessanter ist allerdings das, was sich aus dem oben Beschriebenen ergibt und was ich auch aus eigener Erfahrung erlebt und entdeckt habe. Plötzliche Veränderungen und Schicksalsschläge treffen uns meist eiskalt und ohne Vorbereitung. Etwas anderes ist es, wenn du die Veränderung in deinem Leben selbst initiierst, weil du die aktuelle Situation nicht mehr ertragen oder einfach aus freier Entscheidung den nächsten Schritt gehen willst. Auch in diesem Fall sind Gefühle sehr nützlich, um dein Leben bewusst neu auszurichten und neu zu gestalten. Die Situation ist aber viel einfacher zu bewältigen, weil du mit viel mehr Bewusstheit an die Sache herangehen kannst. Kommt die Veränderung aber plötzlich und von außen, ist das für deine Komfortzone erst mal wie eine lebensgefährliche Bedrohung und die Psyche neigt in diesem Fall dazu, auf das Betriebssystem »Überleben« umzuschalten. Und dann agierst du eben unbewusst und aus deiner emotionalen Programmierung heraus, statt bewusst und in der Lage, deine authentischen Gefühle zu nutzen. Und das ist auch nichts Schlechtes oder Verwerfliches – denn es geht in diesen Fällen im weitesten Sinne wirklich um dein physisches, intellektuelles, emotionales und energetisches Überleben –, zumindest aus Sicht deines evolutionären Überlebenstriebes. Und die Evolution hat uns da ein sehr nützliches Programm mitgegeben, das bisher auch gut funktioniert hat, denn du hast überlebt! Vielleicht nicht nur deshalb, aber auch deshalb.

Ich habe dir ja schon in einem früheren Kapitel von der unerwarteten Trennung von meinem ersten Mann erzählt. Zu dieser Zeit hatte ich bereits das Wissen und die Bewusstheit über Gefühle und Emotionen und war sogar schon darin trainiert, wie man gesunderweise mit ihnen umgeht. Und dennoch ist auch bei mir in dieser Situation zunächst einmal mein Überlebensprogramm angesprungen. Und zwar das komplette Register: Gefühlsvermischung, emotionale Reaktion und Niederes Drama. Und das war wichtig und angemessen – es hat mich die erste Zeit des tiefen Schmerzes überleben lassen. Ich konnte in dieser frühen Phase der Trennung noch keine Verantwortung für die Situation oder meine Gefühle übernehmen. Das war im ersten Moment einfach noch nicht möglich. Ich brauchte die Opfer-Geschichte, um nicht durchzudrehen. Der Unterschied zu früheren traumatischen Erlebnissen war jedoch, dass ich bewusst beobachten konnte, was da gerade in mir abläuft, und mich mit den Werkzeugen der bewussten Gefühlsarbeit Schritt für Schritt aktiv aus der emotionalen Verstrickung und dem Niederen Drama herausarbeiten und mein Herz heilen lassen konnte. Ich hatte neben dem Betriebssystem »Überleben« auch das Programm »Bewusstes Fühlen« installiert, auf welches ich nach der anfänglichen Schockphase umschalten konnte. Ich hatte eine Wahl, die vorher nicht zur Verfügung stand, und so konnte ich meine Haltung peu à peu verändern: vom unbewussten Reagieren zum bewussten Agieren, von der emotionalen Reaktion ins authentische Fühlen, vom Niederen Drama zum Hohen Drama, vom Opfer der Umstände zum Schöpfer meines neuen Lebens ohne den Mann, mit dem ich vierzehn Jahre zusammengelebt hatte. Gute zwei Monate nach der Trennung feierte ich eine Wiederauferstehungsparty mit allen meinen Freunden. Vierzehn Monate nach der Trennung war mein Herz so weit geheilt, alle Emotionen verarbeitet und alle Gefühle ausgedrückt, dass ich ohne Groll und Altlasten aus dieser Trennung eine neue und erwachsenere Art von Beziehung beginnen konnte. Ohne die bewusste Gefühlsarbeit wäre das wohl kaum möglich gewesen.

Ausgedienter Mythos

Traurigkeit ist dasselbe wie Trauer.

Neue Unterscheidung

Traurigkeit ist eines unserer vier primären Grundgefühle. Trauer hingegen ist ein Prozess, den wir bei großen Veränderungen im Leben durchlaufen – insbesondere, wenn wir die Veränderung nicht selbst gewählt haben. Die Phasen des Trauerprozesses können alle Gefühle und Emotionen beinhalten – sie sind Katalysatoren für die Transformation und den Neubeginn.

Experiment 10: Unterscheidung von Gedanken – Gefühlen – Emotionen

Bei diesem Experiment geht es darum, die Unterscheidung von Gedanken, Gefühlen und Emotionen nicht nur theoretisch zu verstehen, sondern eine Erfahrung dieser Unterscheidung zu machen.

Das Experiment kannst du allein für dich oder mit einem Partner machen. Setz dich wieder bequem hin, atme dreimal tief ein und aus und entspanne dich. Nun wähle irgendein Objekt im Raum aus, beispielsweise ein Bild an der Wand, einen Stuhl, einen Schrank, die Lampe – egal, irgendein Objekt. Dann beantworte für dich folgende Fragen nacheinander. Falls du diese Übung mit einem Partner machst, stellt er dir diese Fragen:

1. Was denkst du über dieses Objekt?
2. Was fühlst du in Bezug auf dieses Objekt?
3. Ist dir dieses Gefühl bekannt? (Falls ja, erzähle/notiere die explizite Situation, aus der du dieses Gefühl kennst.)
4. Ist es ein Gefühl oder eine Emotion? (Falls du bei der dritten Frage eine Situation aus der Vergangenheit gefunden hast, handelt es sich um eine Emotion! Dies wird in neunundneunzig Prozent der Fälle in dieser Übung so sein!)
5. Könntest du dich auch anders fühlen in Bezug auf dieses Objekt? (Gehe jetzt alle übrigen drei Gefühle in der Form durch: »Ich könnte mich auch wütend fühlen, weil ...«)

Hier ein Beispiel, damit die Übung noch klarer wird: Nehmen wir an, es handelt sich bei dem Objekt um einen Feuerlöscher im Seminarraum.

1. Was denkst du über dieses Objekt? *»Es passt eigentlich nicht in den Raum. Es stört das Gesamtbild.«*
2. Was fühlst du in Bezug auf dieses Objekt? *»Ich fühle Angst. Es erinnert mich daran, dass etwas passieren könnte.«*
3. Ist dir dieses Gefühl bekannt? (Falls ja, erzähle/notiere die explizite Situation, aus der du dieses Gefühl kennst.) *»Es erinnert mich an Weihnachten als ich sechs Jahre alt war, als unser Weihnachtsbaum Feuer fing und wir die Feuerwehr rufen mussten. Ich hatte furchtbare Angst.«*
4. Ist es ein Gefühl oder eine Emotion? (Falls du bei der dritten Frage eine Situation aus der Vergangenheit gefunden hast, handelt es sich um eine Emotion! Dies wird in neunundneunzig Prozent der Fälle in dieser Übung so sein!) *»Es ist eine Emotion – emotionale Angst aus der Vergangenheit, kein authentisches Gefühl im Hier und Jetzt.«*
5. Könntest du dich auch anders fühlen in Bezug auf dieses Objekt? (Gehe jetzt alle übrigen drei Gefühle in der Form durch: »Ich könnte mich auch wütend fühlen, weil ...«) *»Ich könnte auch Wut fühlen, weil der Feuerlöscher den Gesamteindruck des Raumes stört. Ebenso könnte ich mich traurig darüber fühlen, weil der Raum dadurch hässlicher wird. Ich könnte aber auch Freude darüber fühlen, dass jemand an unsere Sicherheit gedacht hat.«*

Was lernst du aus diesem Experiment? Wir erzeugen andauernd Gefühle und Emotionen. Ihr Ursprung lieg oft in unserem Denken. Ein Gedanke kann eine Emotion oder ein Gefühl auslösen.

Ohne Bewusstheit und Unterscheidungsfähigkeit erzeugen unsere Vergangenheit und unsere Überlebensstrategien unser emotionales Befinden. Dann reagieren wir wie Maschinen und haben keine Wahl – obwohl wir diese jederzeit hätten.

Schluss mit den alten Geschichten – der bewusst fühlende Erwachsene

Es ist an der Zeit, die alten Geschichten über Gefühle, auf die wir uns in unserer Kultur irgendwann einmal unbewusst geeinigt haben und die wir seit Jahrhunderten an die jeweils nächste Generation weitergeben, loszulassen und bewusst neue, nützlichere Geschichten zu wählen, die uns persönlich wie auch gesellschaftlich und vielleicht sogar als Menschheit weiterbringen. Wie bereits erläutert, handelt es sich bei der Haltung »Gefühle sind unprofessionell und nicht okay« um eine Annahme, eine Geschichte, eine Deklaration. Wir haben deklariert (= festgelegt, bestimmt), dass es so ist. Punkt. Wir hinterfragen solche kulturellen Paradigmen in der Regel auch nicht, sondern nehmen sie als gegeben hin. Aber Kultur kann sich ändern – es gibt unzählige Beispiele dafür in unserer gemeinsamen Vergangenheit. Es braucht nur eine genügend große Gruppe von Einzelpersonen, die damit beginnt, etwas anderes zu denken, zu deklarieren und zu tun als der Mainstream. Und je größer die Masse derer wird, die etwas anderes denken, deklarieren und tun, desto größer wird die Wahrscheinlichkeit, dass dieses neue Denken ins Bewusstsein der Gesellschaft übergeht und als neues Paradigma wirken kann.

Den Umgang mit Gefühlen verändern

Aber hier geht es ja in erster Linie um dich selbst. Du hast dieses Buch wahrscheinlich nicht deswegen gekauft, um die vorherrschende Kultur zu verändern, sondern um dein eigenes Leben besser zu verstehen, mehr Möglichkeiten zu bekommen und in Bezug auf den Umgang mit Gefühlen eine Wahl zu haben. Die folgende Abbildung zeigt auf, dass echte Veränderungen – sei es im Kleinen oder im Großen – immer auch eine andere Art des

Denkens, also einen kleinen oder großen Paradigmenwechsel, erfordern.

Neue Resultate

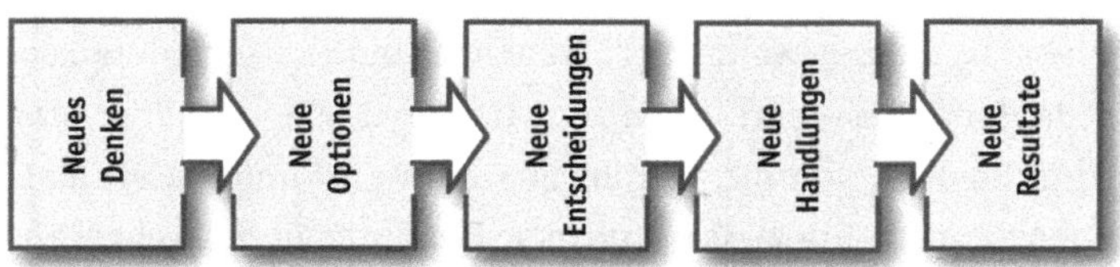

Am sinnvollsten gehst du den dargestellten Prozess rückwärts, also von rechts nach links durch – um die ganze Tragweite der Abbildung zu verstehen. Wir fangen also hinten an. Nehmen wir an, du bist daran interessiert, in Bezug auf Gefühle in deinem Leben andere Ergebnisse zu erzeugen als bisher. Neue Resultate erhältst du aber nur, wenn du dich anders verhältst als bisher. Wenn du etwas anderes tust als bisher. Ohne irgendetwas zu tun, wird sich auch nichts verändern. Das heißt, wenn du nur darüber nachdenkst oder darüber liest, etwas zu tun oder zu verändern, passiert nichts. Wenn du aber weiterhin das Gleiche tust wie bisher, tut sich zwar etwas, aber du wirst dadurch immer die gleichen Ergebnisse erzeugen wie bisher. Paradoxerweise hoffen wir trotzdem manchmal, dass sich etwas verändert, ohne dass wir unser Verhalten verändern oder überhaupt etwas dafür tun. Das ist die merkwürdige Logik unserer Komfortzone, in der wir es uns gerne bequem machen: »Wasch mich, aber mach mich nicht nass!«, heißt die Devise. Oder wir denken, dass sich etwas allein dadurch ändert, dass wir neue Einsichten haben: »Ah, ich habe es kapiert. Ab jetzt wird sich mein Leben ändern.« Du kennst wahrscheinlich Albert Einsteins berühmte Definition von Wahnsinn?

»Die Definition von Wahnsinn ist, immer wieder das Gleiche zu tun und andere Ergebnisse zu erwarten.«

Albert Einstein, Physiker

Um aber etwas zu tun und insbesondere um etwas anders zu machen, als du es gewohnt bist, braucht es eine Entscheidung. Ja, jede Handlung – und sei sie auch noch so klein – benötigt eine Entscheidung von dir. Es gibt bewusste und unbewusste Entscheidungen. Die meisten unserer Handlungen entstehen aus Entscheidungen, die wir unbewusst treffen. Ja, du hast auch hier richtig gelesen! Denn wenn wir über jede kleine Bewegung erst nachdenken und eine bewusste Entscheidung treffen müssten – beispielsweise, wenn du dich am Kopf kratzt oder deine Lippen ableckst oder die Hände im Schoß verschränkst – wäre das Leben ganz schön kompliziert. So funktioniert auch Lernen – wir wiederholen eine Handlung so oft und solange, bis sie in unsere unbewusste Kompetenz übergeht und in unser Unterbewusstsein einzieht. Wir müssen dann nicht mehr darüber nachdenken. Wir können die Handlung ausführen, ohne eine bewusste Entscheidung treffen zu müssen. Wir handeln einfach. Der Entscheidungsprozess passiert unbewusst und in Sekundenbruchteilen. Und dann wird aus etwas, das wir neu gelernt haben, eine Gewohnheit oder eine Fähigkeit. Dieser an sich wundervolle Mechanismus, der uns das Leben erleichtert, gilt aber für nützliche Verhaltensweisen leider genauso wie für schädliche. Und etwas, das früher nützlich war, kann sich im Laufe der Zeit als unnütz oder sogar als schädlich herausstellen. Beispielsweise hat ein bestimmtes Verhalten, das du dir als Kind angewöhnt hast, wie das Unterdrücken von Gefühlen, damals Sinn gemacht und vielleicht sogar dein Überleben gesichert. Es war damals nützlich und angemessen. Dich als erwachsener Mensch aber immer noch aus dem gewohnten kindlichen Programm heraus zu verhalten, schränkt dein Potenzial unter Umständen massiv ein, da du jetzt über ganz andere Ressourcen verfügst als damals. Da die Handlung aber unbewusst abläuft, hast du keine andere Wahl. Du denkst nicht darüber nach und entscheidest dich auch nicht bewusst, dich so zu verhalten. Du merkst es nicht einmal und wunderst dich über die Resultate, die du eigentlich so nicht beabsichtigst. Um hier etwas zu verändern, ist es notwendig, diese unbewussten Handlungen samt den zugrunde liegenden unbewussten Entscheidungen zunächst wieder in dein Bewusstsein zu holen, damit du eine neue Entscheidung treffen und dann neu und anders handeln kannst.

So weit, so gut. Gehen wir einen weiteren Schritt zurück zum Ursprung des Prozesses. Um bewusst eine neue Entscheidung treffen zu können, brauchst du auch neue Optionen oder neue Möglichkeiten, aus denen du wählen kannst. Wenn du keine Ahnung hast, wie du in bestimmten Situationen anders handeln könntest als bisher, dann nützt dir eine bewusste Entscheidung nur wenig, denn du hast keine neuen Handlungsoptionen, aus denen du auswählen könntest. Du kannst zwar trotzdem die Entscheidung treffen, in Zukunft anders zu handeln, aber wenn du keine neuen Optionen dazu hast, was wirst du dann anders tun als bisher? Du brauchst zumindest eine klitzekleine neue Möglichkeit, die du mal ausprobieren könntest.

Und nun kommen wir an den Kern der Sache. Wo kommen neue Optionen, neue Möglichkeiten und Ideen her, die zu einer Veränderung und zu neuen Resultaten führen können? Was du für möglich hältst und was nicht, wird einzig und allein von deinem Denken bestimmt. Hältst du etwas für möglich, dann ergibt sich daraus eine Option. Hältst du etwas für nicht möglich, ergibt sich daraus keine Option und du wirst es in der Regel noch nicht mal versuchen. Hast du kein Bewusstsein über etwas, kann sich daraus natürlicherweise auch keine Option ergeben. Das, was du über die Welt denkst, wie du sie wahrnimmst, wie du sie einschätzt und bewertest und welche Annahmen du dazu triffst, all das bestimmt auch die Menge deiner Möglichkeiten. Das heißt, wenn du mehr und neue Möglichkeiten haben möchtest, um neue Entscheidungen treffen zu können und anders zu handeln, musst du zunächst anders denken und einige deiner bisherigen Annahmen über Bord werfen. Dies können persönliche Annahmen, Überzeugungen und Glaubenssätze sein, die du aus Erfahrungen in der Vergangenheit getroffen oder von deinen Eltern übernommen hast. Oder auch Paradigmen, die in unserer Gesellschaft allgemein als gültig angenommen werden, wie zum Beispiel das Paradigma, dass Gefühle unprofessionell und nicht okay sind. Oder all die anderen Mythen in Bezug auf Gefühle, über die ich in den vorherigen Kapiteln geschrieben habe.

Solange du also an diesen alten Mythen und Annahmen festhältst, wirst du höchstwahrscheinlich keine anderen Resultate im Umgang mit Gefühlen erzeugen können als bisher. Wenn du die neuen Unterscheidungen, die ich dir in jedem Kapitel als Alternative zum jeweiligen Mythos anbiete, in Erwägung ziehst, dann eröffnen sich für dich automatisch neue Möglichkeiten und neue Optionen im Umgang mit Gefühlen. Dann steht die Tür zu einer positiven Veränderung weit offen und du musst nur noch hindurchgehen. Klingt einfach, oder? Aber genau an diesem »nur noch« scheitern die meisten bewusst gewünschten Veränderungen. Mit diesem »nur noch« verlässt du nämlich deine Komfortzone und setzt Weiterentwicklung und Lernen vor

Bequemlichkeit und Gewohnheit! Und glaube mir, dein Gremlin, der Schattenteil in dir, hat es viel lieber bequem. »Ach, was soll's. Ist doch gar nicht so schlimm. Ich komme doch auch so ganz gut zurecht. Wozu die Mühe? Wer weiß, ob das überhaupt funktioniert? Das reicht doch auch noch morgen. ...« Bewusst die eigene Komfortzone zu erweitern, ist Teil des Erwachsenseins und des Erwachsenwerdens! Bist du wirklich dazu bereit?

Der bewusst fühlende Erwachsene

Warum reite ich so sehr auf den Begriffen »bewusst«, »verantwortlich« und »erwachsen« herum? Ganz einfach, weil ich in meiner langjährigen Arbeit mit Gefühlen festgestellt habe, dass die meisten Menschen in puncto Gefühle alles andere als bewusst, verantwortlich und erwachsen handeln. Und das verwundert auch nicht, denn wir erhalten keine Ausbildung darin, wie wir mit unseren Gefühlen in dieser Weise umgehen können – weder durch die Schule noch durch unsere Eltern oder andere Rollenvorbilder. Wir können es uns in der Regel noch nicht einmal irgendwo abschauen. Das einzige, was wir uns überall abschauen können, ist Niederes Drama. Wenn du dir noch mal die vier Körper, wie ich sie zu Beginn des Buches beschrieben habe, vor Augen hältst, kannst du schnell feststellen, dass unsere Standardausbildung uns hauptsächlich lehrt, wie wir unseren Verstand, also unseren intellektuellen Körper, benutzen. Wir lernen unter anderem lesen, schreiben, rechnen und wie wir uns Dinge merken können, Schlüsse aus Fakten ziehen und wie wir Probleme zumindest theoretisch lösen können. Wir lernen das, was das gesellschaftliche Paradigma Schule uns in vorgegebener Weise liefert. Wir lernen ebenfalls, sowohl in der Schule als auch zu Hause, unseren physischen Körper zu benutzen. Wir lernen laufen und auf die Toilette zu gehen. Wir eigenen uns bestimmte Sportarten an und lernen, wie wir unseren physischen Körper gesund und verantwortlich ernähren und pflegen können. Ob wir das dann nun tun oder nicht, bleibt mal dahingestellt. Das ist dann eben wieder der Unterschied zwischen bewusst und verantwortlich handeln oder nicht.

Im Fühlen haben wir hingegen keine Ausbildung erhalten. Unser emotionaler Körper ist untrainiert und wir gehen daher immer noch unbewusst und auf einem kindlichen Niveau mit ihm um. Jetzt gibt es zwei Möglichkeiten. Die erste ist, du fügst dich in dein Schicksal, machst die aktuell herrschende Kultur dafür verantwortlich und beschwerst dich darüber, dass du keine Ausbildung in Sachen Gefühle hattest. Dass du daher weiterhin dazu verdammt bist, Gefühle zu unterdrücken und die Programmierungen deiner Vergangenheit zu wiederholen. Und schon bist du im Niederen Drama – das Opfer der Umstände. Erinnerst du dich noch? Niederes Drama fühlt sich zwar intensiv an, es werden dadurch aber keine Veränderungen erzielt. Erwachsensein bedeutet hingegen, bewusst zu wählen und bereit zu sein, den Preis für die getroffene Wahl zu bezahlen. Erwachsensein bedeutet, für alles, was in deinem Leben passiert oder nicht passiert, die Verantwortung zu übernehmen. Wir denken oft, dass zu viel Verantwortung unsere Freiheit einschränkt. Genau das Gegenteil ist der Fall. Größtmögliche Freiheit entsteht genau dann, wenn du bereit bist, die volle Verantwortung für dich selbst und dein Leben zu übernehmen. Das heißt, wenn du in puncto Gefühle etwas verändern willst, musst du die Verantwortung dafür übernehmen und selbst für die entsprechende Ausbildung sorgen. Bewusstes, verantwortliches Fühlen bedeutet im ersten Schritt,

Bewusstes Fühlen kann man wirklich lernen.

auch die Verantwortung für die eigenen Gefühle und Emotionen zu übernehmen. Nicht deine Eltern, dein Partner oder die Gesellschaft sind dafür verantwortlich, sondern du kümmerst dich selbst darum, zu lernen, wie gesunder Gefühlsumgang geht. Und dass du das willst, hast du schon damit bewiesen, dass du dieses Buch durcharbeitest.

Wie sieht das Ganze denn nun in Bezug auf traumatische Erlebnisse in der Vergangenheit aus? Wie kannst du dafür beziehungsweise für die damit verbundenen Verletzungen und Emotionen Verantwortung übernehmen? Wir alle sind mehr oder weniger traumatisiert. Ich glaube mittlerweile, dass es keinen Menschen ohne Traumabelastung gibt. Wie ich darauf komme? Ich dachte lange Zeit, meine eigenen Erlebnisse in der Kindheit waren unter den schlimmsten, die man sich vorstellen kann. Ich war davon überzeugt, dass ich eine Ausnahme war und alle meine Freunde und Bekannten eine viel glücklichere und leichtere Kindheit erlebt hatten als ich, und dass sie meinen Schmerz nicht nachvollziehen könnten. Ich kam mir vor wie eine Aussätzige, die eben Pech gehabt hatte. Ich schämte mich dafür. Und ich erzählte auch niemandem davon – das war Teil meiner Überlebensstrategie. Die Schlüsse, die ich aus meinen Kindheitserlebnissen gezogen hatte, waren unter anderem, dass ich nicht gut genug bin, egal wie ich mich anstrenge; dass ich mich nur auf mich selbst verlassen und niemandem wirklich vertrauen kann; dass es Liebe nur für gute Leistung gibt und dass jeder Fehler bestraft wird. Ich hatte bis in die frühen Zwanziger regelrecht Angst vor Menschen. Und ich handelte aus diesen alten emotionalen Programmierungen heraus. Während meiner Heilpraktiker-Ausbildung verdiente ich mein Geld selbstständig mit Schreib- und Lektoratsarbeiten. Unter anderem hatte ich Aufträge von mehreren Psychotherapeuten, deren Patientenberichte ich vom Band abtippte. Ich durfte also die tragischen und berührenden (Kindheits-) Geschichten von sehr vielen Menschen hören und als Bericht zu Papier bringen, was mich nicht selten zu Tränen rührte oder Wut in mir aufsteigen ließ. Und diese Arbeit veränderte etwas tief in meinem Inneren und öffnete mir in einer Hinsicht die Augen: Ich war gar nicht allein mit meinen Erlebnissen. Es gab viele andere Menschen, die Ähnliches erlebt hatten wie ich – teilweise sogar noch viel Schlimmeres. Und mittlerweile weiß ich durch meine langjährige Arbeit als Trainer und Gefühlscoach, dass wir alle irgendwelche traumatischen Erlebnisse als Ballast mit uns herumtragen, die gleichzeitig Entwicklungschancen darstellen. Egal ob Demütigungen, Verlassenwerden, Bestrafung bis hin zu physischem oder emotionalem Missbrauch. Selbst eine glückliche Kindheit kann zum Trauma werden, so paradox das auch klingen mag. Aber wie kannst du dafür Verantwortung übernehmen, was dir passiert ist?

Du kannst die Vergangenheit nicht ändern. Du kannst nicht ungeschehen machen, was damals passiert ist. Was passiert ist, ist passiert. Vielleicht waren es sehr schlimme Geschehnisse. Und als Kinder empfinden wir diese Geschehnisse oft sogar als weitaus schlimmer, als wir sie als Erwachsene empfinden würden. Eine halbe Stunde zu schreien und nicht gehört zu werden, kann für ein Kleinkind eine tiefe Verletzung bedeuten. Und ich möchte die Dinge, die passiert sind, hier nicht klein reden. Als Kinder oder Jugendliche haben wir getan, was wir konnten, um mit diesen Situationen fertig zu werden. Wir haben dafür gesorgt, dass wir irgendwie überleben. Du konntest damals keine Verantwortung für dich selbst übernehmen, da du von den Menschen in deinem Umfeld abhängig warst. Du konntest als Kind nicht einfach sagen: »Stopp. Es reicht. Hör auf damit!« oder »Ich gehe!«. Oder vielleicht hast du es sogar gesagt, aber es wurde nicht beachtet. Du konntest deinen Vater nicht davon abhalten, auszuziehen und dich zu verlassen. Du hast irgendwie überlebt und deine Überlebensstrategie zu deiner unbewussten Gewohnheit gemacht, um zu vermeiden, dass dir das wieder passiert und du ein weiteres Mal verletzt wirst.

Noch einmal: Du kannst die Vergangenheit nicht ändern. Was du jedoch ändern kannst, ist, wie du heute mit dieser Vergangenheit und mit dem, was damals passiert ist, umgehst. Erwachsensein bedeutet, eine bewusste Wahl zu treffen und dann den vollen Preis für diese Wahl zu bezahlen. Und du hast heute eine Wahl, die du als Kind, beziehungsweise in der damaligen Situation, nicht hattest. Du kannst jetzt wählen, ob du die Verletzungen und Traumata deiner Vergangenheit weiterhin unbewusst dein Leben bestimmen lässt oder ob du mit deiner Vergangenheit aufräumst, dafür sorgst, dass die Wunden heilen, und alte Entscheidungen, die du womöglich als Kind vor langer Zeit getroffen hast, durch neue, kraftvollere Entscheidungen ersetzt. Denn seien wir mal ehrlich: Du verfügst heute über ganz andere Ressourcen und Optionen als damals. Aber, wie das bei Entscheidungen so ist, jede Option hat ihren Preis! Wenn du dich für letzteres entscheidest, also dafür, die Verantwortung für die Heilung deiner Vergangenheit zu übernehmen, dann bedeutet das, dass es ein wenig unbequem wird. Aufräumen und Altes, Überholtes über Bord zu werfen kostet Zeit und Überwindung. Jeder, der schon mal seinen Keller oder seinen Dachboden ausgemistet hat, kennt das. Es braucht Disziplin und die Bereitschaft, die eigene Komfortzone Stück für Stück zu erweitern. Ein weiterer nicht zu geringer Preis, den du dann bezahlen musst, besteht darin, dass du die alte Opfer-Geschichte nicht mehr als Ausrede benutzen kannst. Wenn du dich aber für ersteres entscheidest, also dafür, weiterhin aus deiner Vergangenheit heraus zu reagieren, zahlst du ebenfalls einen Preis. Du zahlst – um es krass auszudrücken – mit deinem Leben und deinem Potenzial. Du zahlst mit den vielen Möglichkeiten, die dir verwehrt bleiben, solange du es zulässt, dass die Vergangenheit dein Leben mitbestimmt. Welcher Preis ist für dich persönlich höher? Du hast die Wahl!

Kennst du die Geschichte von den Zwillingen, die in der Bronx aufgewachsen sind? Einer von beiden ist im Gefängnis gelandet, der andere ist Rechtsanwalt geworden. Als beide getrennt voneinander von einem Journalisten gefragt wurden, wie sie zu dem geworden sind, was sie heute sind, antwortete der Bruder im Gefängnis: »Sehen Sie, ich bin in der Bronx aufgewachsen. Mein Vater war Alkoholiker und meine Mutter Prostituierte. Es gab ständig nur Drogen und Schlägereien. Ich hatte keine andere Wahl!« Der Bruder, der Rechtsanwalt geworden ist, antwortete auf die Frage des Journalisten: »Sehen Sie, ich bin in der Bronx aufgewachsen. Mein Vater war Alkoholiker und meine Mutter Prostituierte. Es gab ständig nur Drogen und Schlägereien. Ich hatte keine andere Wahl!« Was lernen wir aus dieser kleinen Geschichte?

1. Das Leben selbst ist nicht wählerisch. Es kennt kein Trauma. Es beurteilt und bewertet nicht. Leben ist Leben. Im Leben kann alles Mögliche passieren. Es ist unsere Antwort auf das Leben, die den Unterschied ausmacht! Die Art, wie wir das Leben und das, was passiert, interpretieren und darauf reagieren.

2. Als Erwachsene haben wir immer eine Wahl – auch wenn wir gerne so tun, als hätten wir keine. Aber wenn wir nicht bewusst wählen, wählen wir unbewusst. Es bleibt dennoch unsere eigene Wahl und damit auch unsere eigene Verantwortung. Durch unbewusstes Wählen machen wir uns selbst zum Opfer der Umstände oder der Vergangenheit.

Es gibt ein schönes Zitat von Haruki Murakami, welches die Wahl, die wir jederzeit haben, sehr gut verdeutlicht:

»Schmerz ist unvermeidlich. Leiden ist optional.«

Haruki Murakami, japanischer Autor

Wir haben als Erwachsene jederzeit die Wahl, ob wir Opfer der Umstände oder Schöpfer unseres Lebens sein wollen.

Bewusste Gefühlsarbeit: ein Weg, um deine emotionale Kompetenz zu entfachen

Wenn du also die Entscheidung triffst, Verantwortung für deine Gefühlswelt und die Ausbildung deines emotionalen Körpers zu übernehmen, um in deinem Leben das zu erschaffen, was du gerne hättest, dann ist bewusste Gefühlsarbeit ein möglicher Weg, um aus deiner emotionalen Konditionierung herauszuwachsen. Es gibt mit Sicherheit auch noch andere Wege. Aber aus meiner eigenen Erfahrung mit unterschiedlichen Ansätzen kann ich dir versprechen, dass der Weg der bewussten Gefühlsarbeit ein sehr wirksamer ist. Lass mich kurz skizzieren, was alles zu einem bewussten, gesunden und erwachsenen Umgang mit Gefühlen dazugehört – quasi das Zielbild von bewusster Gefühlsarbeit.

Als bewusst fühlender Erwachsener, der emotionale Kompetenz entwickelt hat, bist du unter anderem in der Lage …

- Gefühle in einer Intensität von null bis einhundert Prozent zu fühlen, ohne dich betäuben zu müssen,
- die vier Grundgefühle (Wut, Traurigkeit, Angst und Freude) voneinander zu unterscheiden und unvermischt zu fühlen,
- vermischte Gefühle voneinander zu trennen,
- die Information und Kraft aus dem jeweiligen Gefühl verantwortlich zu nutzen, um das in deinem Leben zu erschaffen, was du erschaffen möchtest – egal in welchem Bereich (Beruf, Gesundheit, Beziehung, Familie, …),
- Gefühle von Emotionen zu unterscheiden,
- einen kleinen Spalt zwischen Reiz und Reaktion zu setzen, um bewusst nicht an den Haken deiner emotionalen Programme und Projektionen zu gehen,

- Verantwortung für die Verarbeitung und Heilung deiner emotionalen Verletzungen und Traumata aus der Vergangenheit zu übernehmen, statt sie auf dein Umfeld zu projizieren,
- Niederes Drama zu erkennen und gegebenenfalls bewusst daraus auszusteigen.

Unbewusstes Fühlen versus bewusstes Fühlen

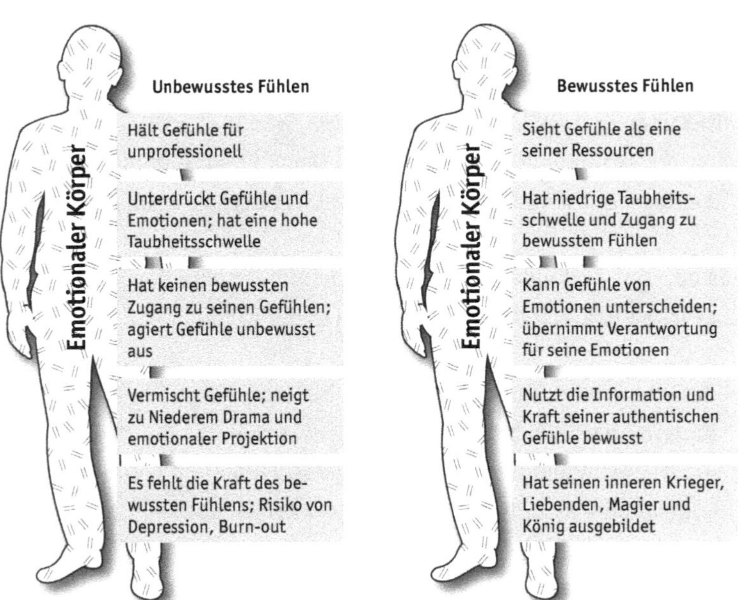

All das und noch mehr kannst du nach einiger Zeit mit kontinuierlicher Gefühlsarbeit erreichen. Du erschließt dir die Kraft einer zusätzlichen Domäne, nämlich die deines emotionalen Körpers, die seit deiner Pubertät darauf wartet, aktiviert und in ihren bewussten, erwachsenen Betriebszustand entwickelt zu werden. Diese emotionale Intelligenz und Kompetenz ist eine unglaublich wertvolle Ressource, die in dir schlummert, und welche deine bereits ausgebildeten Kräfte des physischen und intellektuellen Körpers bereichert und sinnvoll ausgleicht. In der Gefühlsarbeit gehen wir dabei in zwei Phasen vor. Das ist wichtig für dich zu wissen, denn insgeheim wünschen wir uns, Phase eins auszulassen und gleich in die Phase zwei der Gefühlsarbeit hineinzuspringen. Aus eigener Erfahrung kann ich dir aber sagen: Das funktioniert nicht oder nur bedingt!

Phase 1: Fühlen lernen, Bewusstsein entwickeln und Altlasten beseitigen

Die erste Phase der Gefühlsarbeit besteht darin, wieder fühlen zu lernen und den Zugang zu den vier Grundgefühlen freizulegen. In dieser Phase lernst du, die Gefühle voneinander zu unterscheiden. Du lernst, in einem sicher gehaltenen Raum jeweils bis zu hundert Prozent des jeweiligen Gefühls zu gehen, um die Erfahrung zu machen, dass du nicht stirbst, sondern größer bist als jedes deiner Gefühle. Dein Nervensystem wird sich in dieser Phase Stück für Stück an das Mehr an Energie, das dadurch freigesetzt wird, gewöhnen und anpassen. Wenn du mit der Gefühlsarbeit startest, werden deine Gefühle zunächst auf einem kindlichen Niveau zurückkehren, nämlich auf dem Niveau, auf dem sie sich befanden, als du angefangen hast, deine Gefühle zu unterdrücken. Dadurch, dass bei der Gefühlsarbeit ein sicherer Raum zur Verfügung steht, stellt es aber kein Problem dar, dass

Mit bewusster Gefühlsarbeit erschließt du dir eine in dir schlummernde Kraftressource, die seit deiner Pubertät darauf wartet, von dir wachgeküsst zu werden.

du deine Gefühle zunächst kindlich und unverantwortlich ausdrückst. Es kommen einfach zunächst all die alten Gefühle hoch, die du seit deiner Kindheit weggepackt hast. Durch das bewusste Training in dieser Phase werden deine Gefühle aber zügig reifen, sodass du schnell auch die Kraft erleben wirst, die in deinen Gefühlen steckt. Du lernst, wie du vermischte Gefühle entmischen und wie du bewusst deine Gefühle navigieren kannst. Du lernst, mit dem jeweiligen Gefühl ohne Grund zu beginnen und auch wieder aufzuhören. Du aktivierst deinen inneren Krieger, deinen Liebenden, deinen Magier und deinen König.

In dieser Phase beschäftigst du dich natürlich auch mit Niederem Drama und findest heraus, in welchen Situationen du am liebsten ins Drama gehst und welche deine Lieblingsrolle dabei ist (Täter, Retter oder Opfer). Du lernst deine Schattenseite, deinen Gremlin kennen und deine Muster der Selbstsabotage. Ein weiterer wichtiger Teil dieser ersten Phase der Gefühlsarbeit besteht in der Heilung von alten emotionalen Verletzungen, der Bewusstwerdung und Aufarbeitung alter emotionaler Programmierungen und der Identifizierung alter unbewusster Entscheidungen, die immer noch dein Leben mitbestimmen.

Wie du siehst, bietet die Phase 1 der Gefühlsarbeit ein erhebliches Potenzial. Es ist offensichtlich, dass es nicht funktionieren kann, diese Phase nicht zu durchlaufen. Zudem bildet sie die Grundlage dafür, sich mit der Phase 2 auseinanderzusetzen. Denn solange die alten Programmierungen noch aktiv sind und du nicht die Erfahrung gemacht hast, dass du Gefühle bis zu ihrer maximalen Ausprägung fühlen kannst, ohne zu sterben, wirst du nicht in der Lage sein, deine Gefühle verantwortlich für dein Leben zu nutzen. Phase 1 ist intensiv, gerade zu Beginn auch anstrengend, oftmals laut und herausfordernd. Deshalb würden wir sie ja auch gerne überspringen. Und daher ist es gut, diese Phase in einem geschützten Trainingsraum zu durchlaufen, gemeinsam mit einer Gruppe von Gleichgesinnten, die ebenfalls ihre emotionale Kompetenz entfachen wollen, und mit einem Trainer, der den Weg selbst bereits gegangen ist und den Raum für diese intensive Arbeit sicher halten kann.

Phase 2: Lernen, Gefühle verantwortlich für dein Leben zu nutzen

Wenn du durch Phase 1 eine gute und tragende Basis im Fühlen entwickelt hast, dann kannst du mit Phase 2 beginnen. Das heißt im Klartext, Phase 1 und Phase 2 der Gefühlsarbeit sind nicht strikt voneinander getrennt. Oftmals passiert es, dass du dich innerhalb eines Gefühlsprozesses von Phase 1 hin zu Phase 2 entwickelst. Die Reihenfolge ist also nicht linear, sondern eher spiralförmig. Du musst mit Phase 1 nicht komplett fertig sein, um mit Phase 2 beginnen zu können. Und je mehr Erfahrungen du in Phase 1 gemacht hast und je mehr sich diese Grundkompetenz in dir verankert, desto wirksamer wirst du die Tools und Werkzeuge anwenden können, die du in Phase 2 erlernst. In Phase 1 der Gefühlsarbeit wirst du sehr oft den Satz sagen: »Ich fühle mich (wütend, traurig, ängstlich, froh), weil ...« Das dient dazu, dass du immer bewusster in Bezug darauf wirst, was du fühlst. In Phase 2 geht es um die direkte Anwendung deiner emotionalen Kompetenz im täglichen Leben. Da geht es nicht mehr darum, herumzulaufen und jedermann zu erzählen, was du gerade fühlst. Das kann ab und an noch nützlich sein, damit andere verstehen, wie es dir gerade geht, aber es ist nicht das, was ich mit »Gefühle verantwortlich nutzen« meine.

Das, was du in Phase 2 lernst, ist, die Information und die Kraft, die dir deine authentischen Gefühle zur Verfügung stellen, dafür zu nutzen, dein Leben positiv zu verändern und zu gestalten. Ganz konkret lernst du in Phase 2 beispielsweise, wie du deine authentische Wut dafür nutzt, um jemandem eine klare Grenze zu setzen, ohne dass die Beziehung dadurch leidet. Oder wie du deine Wut dafür nutzt, um klare Entscheidungen zu treffen, die dich in deinem Leben voranbringen. Oder dafür, Nein zu sagen, ohne jemanden zu verletzen. Oder um für etwas einzustehen, das dir wichtig ist. Oder um aufzuräumen, auszumisten und Klarheit zu schaffen. Du lernst, deine Wut dafür zu nutzen, klar zu sagen, was du brauchst und was du nicht möchtest. Dazu braucht es neben dem Zugang zu deiner Wut und der Aktivierung deines inneren Kriegers entsprechende Möglichkeiten der Kommunikation. In Phase 2 lernst du, wie du deine authentische Traurigkeit nutzt, um dich mit anderen zu verbinden, um authentisch zu kommunizieren oder um überholte Dinge zu würdigen und gehen zu lassen. Du lernst deine Traurigkeit dafür zu nutzen, herauszufinden, was dir wichtig ist und dir am Herzen liegt und wie du das anderen verständlich machen kannst. Und genauso ist es mit Angst und Freude. Du lernst deine authentische Angst dafür zu nutzen, Neuland zu betreten oder einen Vortrag zu halten oder um kreative Lösungen zu entwickeln. Und wie du mit deiner Freude andere begeistern und sie anstecken kannst, bei deinem Vorhaben mitzumachen. Und noch vieles mehr. Phase 2 ist sozusagen eine Ausbildung deines inneren Teams, bestehend aus Kriegerin, Magierin, Liebender und Königin. Diese werden in Phase 2 zu deinen persönlichen Assistenten ausgebildet, während Phase 1 der Aktivierung dieser Kräfte dient. Außerdem lernst du in Phase 2 natürlich auch, wie du mit Niederem Drama im Alltag umgehen kannst, wie du daraus aussteigen kannst oder gar nicht erst einsteigen musst. Zudem lernst du ebenfalls, mit Emotionen umzugehen, wie du es schaffst, deine Emotionen nicht auf andere Personen zu projizieren, nicht an den Haken zu gehen, ein Metagespräch über das, was gerade in dir los ist, zu führen und die erkannte Emotion bewusst zu parken, um sie später dann für dich bearbeiten zu können.

Erinnerst du dich noch an den Teufelskreis der emotionalen Konditionierung aus Kapitel 6? Hier noch mal zur Erinnerung:

Teufelskreis Gefühlskonditionierung

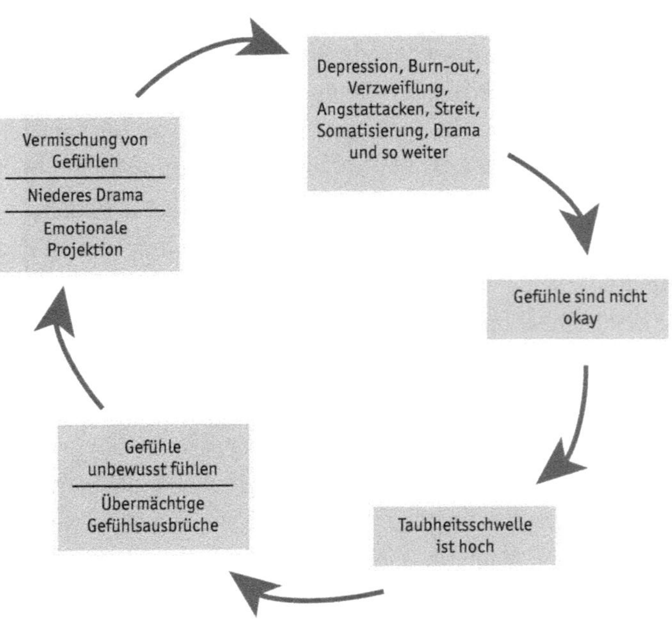

Durch kontinuierliche bewusste Gefühlsarbeit steigst du Schritt für Schritt aus diesem Teufelskreis aus. Der Teufelskreis begann mit der Annahme, dass Gefühle nicht okay sind. Das war der Ausgangspunkt für eine bestimmte Art des Handelns, welche immer wieder zur erneuten Bestätigung dieses Glaubenssatzes führte. Wenn du diesen Glaubenssatz veränderst, weil du mittlerweile den Nutzen von Gefühlen erkannt hast, und dann ein wenig Zeit und Mühe in deine emotionale Weiterentwicklung investierst, wird aus dem Teufelskreis in Nullkommanichts ein Engelskreis, der das in dir angelegte Potenzial freisetzt und verfügbar macht. Es entsteht dann eine positive Dynamik, die ungefähr so aussieht:

Neue Gefühlsdynamik

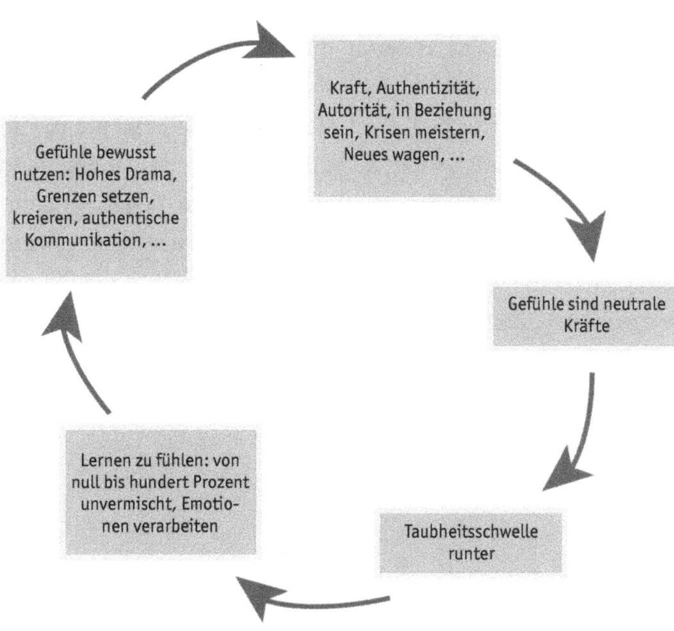

Du gehst von der neuen Annahme aus, dass Gefühle neutrale Kräfte sind, die dir dienen. Unter dieser Annahme musst du deine Gefühle nicht mehr unterdrücken. Du kannst deine Taubheitsschwelle Schritt für Schritt senken und deine gewohnten Taubheitsstrategien für Notfälle in deiner Werkzeugkiste aufbewahren. Durch bewusste Gefühlsarbeit (Phase 1) lernst du wieder zu fühlen und bekommst Zugang zu deiner authentischen Wut, Traurigkeit, Angst und Freude. Gleichzeitig räumst du mit deiner Vergangenheit auf, heilst alte Wunden und lernst, Gefühle von Emotionen zu unterscheiden. So wirst du mit der Zeit immer weniger häufig in emotionalen Zuständen von Projektion landen und immer mehr ins authentische Fühlen kommen. In Phase 2 der Gefühlsarbeit lernst du, deine Gefühle ganz konkret für dein Leben und deinen Alltag zu benutzen. Du kommst in deine authentische Kraft, entwickelst deine eigene Autorität, lernst deine Gefühle unter anderem dafür einzusetzen, nährende Beziehungen zu kreieren, deiner Berufung zu folgen und Lebenskrisen zu meistern. Das ist das riesige Potenzial, das in deinen Gefühlen steckt. Das ist die emotionale Kompetenz, die du entwickeln kannst, wenn du aufhörst, daran zu glauben, dass Gefühle wie Wut, Traurigkeit oder Angst etwas Negatives sind. Denn bewusstes Fühlen kann man wirklich lernen! Und es wird Zeit, unserer immer noch so rational gestrickten Welt die fehlende emotionale Komponente als gesunden Ausgleich an die Seite zu stellen.

Experiment 11: Praktizieren der Wahl zwischen Niederem Drama und Hohem Drama

Bei diesem vorerst letzten Experiment geht es darum, bewusst zwischen unverantwortlichem und verantwortlichem Gefühl, also zwischen Niederem Drama und Hohem Drama zu wechseln. Auch hier geht es darum, eine Erfahrung zu machen, anstatt die Unterscheidung nur intellektuell zu verstehen. Du kannst das Experiment für dich allein machen oder mit einem oder mehreren Mitexperimentierenden. Zu mehreren macht dieses Experiment besonders viel Spaß. Es ist sinnvoll, vor der Durchführung noch einmal Kapitel 5 und Kapitel 7 zu überfliegen, um die Unterscheidung exakt treffen zu können. Während des Experiments bewegst du dich am besten durch den Raum, das hilft, um bewusst in den jeweiligen Charakter zu shiften.

Du startest mit dem Gefühl Wut. Du bewegst dich durch den Raum und gehst zunächst bewusst in die Rolle des Täters im Niederen Drama. Agiere für ein bis zwei Minuten unverantwortliche Täter-Wut aus. Nutze deine Körpersprache und deine Stimme dazu. Vielleicht sagst du solche Dinge wie: »Du bist so dämlich! Wie kann man nur so blöd sein!« Eben Dinge, die der Täter im Niederen Drama sagen würde. Achte dabei darauf, dass du dich selbst und niemand anderen verletzt. Nach ungefähr zwei Minuten hältst du kurz inne und wechselst bewusst in die verantwortliche Wut – in die Wut des Kriegers oder der Macherin. Agiere auch diese verantwortliche Version ein bis zwei Minuten lang mit Körpersprache und Worten aus. Vielleicht sagst du so etwas wie: »Damit ist jetzt Schluss. Ich möchte das nicht mehr« oder »Los, lass uns anfangen – das gehört dorthin und das dort!« Eben Dinge, die eine Kriegerin oder ein Macher sagen würden. Mache dir den Unterschied zwischen Täter und Krieger, beziehungsweise zwischen unverantwortlicher und verantwortlicher Wut, bewusst. Was sagen die unterschiedlichen Charaktere, wie ist die Körperhaltung, welche Gestik nutzen die beiden, und so weiter? Schreib dir das auf! Wenn du den Unterschied beim ersten Mal noch nicht klar genug spüren kannst, wechsle einfach noch mal zwischen den beiden Archetypen Täter und Krieger hin und her, bis es deutlich wird.

Dann gehe weiter zum Gefühl Angst. Agiere zunächst ein bis zwei Minuten lang die unverantwortliche Retter-Angst aus und gehe, gestikuliere und spreche wie ein Retter. Nach ungefähr zwei Minuten wechselst du dann in die verantwortliche Angst des Magiers oder der Schöpferin. Wechsle solange hin und her, bis du den Unterschied verinnerlicht hast. Schreib dir die charakteristischen Merkmale auf.

Das Gleiche machst du dann noch für das Gefühl Traurigkeit (Opfer versus Liebende) und das Gefühl Freude (Gremlin versus König). Notiere dir die Unterschiede.

Eines ist mir noch wichtig, zu sagen

Ich hoffe, dass ich dich überzeugen konnte, Gefühle weder als unprofessionell noch als eine Krankheit zu betrachten. Vielleicht konnte ich dich auch dazu inspirieren und motivieren, deine eigene emotionale Kompetenz zu entfachen und dadurch diese großartige Ressource, die in dir schlummert, zu aktivieren, um sie dort einsetzen zu können, wo du sie in deinem Leben brauchst. Natürlich wünsche ich dir persönlich von ganzem Herzen, dass du ein glückliches Leben führst, dein volles Potenzial entwickelst und die Herausforderungen, die dein Leben an dich stellt, meistern kannst. Meine dahinterliegende, tiefere Absicht geht aber weit darüber hinaus. Ich glaube nämlich fest daran, dass, wenn immer mehr Menschen wieder anfangen, bewusst zu fühlen, sich unsere Kultur und damit die Welt zum Positiven verändern kann – und zwar genau jetzt, wo es dringend notwendig ist! Gefühle dürfen kein Tabuthema bleiben! Bewusstes Fühlen muss salonfähig werden – in Wohnzimmern, wie in Chefetagen genauso wie in Regierungen.

Unsere kulturell gepflegte Taubheit ist aus meiner Sicht nämlich einer der Gründe, warum wir Menschen uns im Laufe der Zeit immer mehr an den Abgrund unserer Existenz manövriert haben. Wir haben uns taub gemacht gegenüber all dem Leid und der Zerstörung, welche wir (größtenteils unbewusst) durch unsere modernen Gewohnheiten, unseren Wunsch nach immer mehr Komfort und unseren gedankenlosen Konsum in der Welt – also in unserem eigenen Lebensraum – erzeugen. Die Folgen davon werden wir wahrscheinlich in den nächsten Jahren bitter zu spüren bekommen. Wir, die sogenannte Krone der Schöpfung, haben unseren Verstand überzüchtet und dafür unser Herz, unsere emotionale Intelligenz, geopfert und verkümmern lassen. Wir haben uns immer mehr von unserem Ursprung, der Natur, entfernt und tun so, als wären wir nicht Teil von ihr, sondern als würden wir sie nur bewohnen, kontrollieren und beherrschen. Der Fortschritt und die technischen Errungenschaften, die wir seit der Zeit der ersten industriellen Revolution geschaffen haben, sind grandios und in vielen Bereichen nützlich und sinnvoll. So viel Komfort und vermeintliche Sicherheit hatte keine Generation vor uns. Und ich spreche hier von der sogenannten westlichen Welt! Allerdings stellt sich jetzt immer deutlicher heraus, dass die Alleinherrschaft der Ratio und das Prinzip von Descartes, »Ich denke, also bin ich«, langfristig nicht nachhaltig und tragfähig sind. Wir können mit unserem brillanten Verstand fast alles vollbringen. Und genau darin liegen Segen und Fluch zugleich, nämlich dann, wenn der Verstand kein Regulativ an seiner Seite hat, das eine andere Art von Weisheit mit ins Spiel bringt – unser Herz. Wenn wir uns wieder erlauben würden, zu fühlen, und zwar nicht nur wir, die Masse der normalen Bürger, sondern auch diejenigen, die an Schlüsselpositionen sitzen, wären wir wahrscheinlich nicht mehr in der Lage, diese Zerstörung mit anzusehen, geschweige denn dabei mitzumachen. Wir würden es nicht über's Herz bringen, ohne es zu betäuben – es wäre zu schmerzhaft. Unsere Wut, Angst, Traurigkeit und unsere Freude würden es uns verbieten und sie würden uns andere, neuartige Wege finden lassen, wie wir gemeinsam nachhaltiger agieren könnten, um diesen wundervollen, schönen, lebendigen und vielfältigen Lebensraum, genannt Erde, nicht nur für uns selbst, sondern auch für zukünftige Generationen zu erhalten.

Unsere kulturell gepflegte Gefühlstaubheit hat uns an den Rand unserer eigenen Existenz gebracht. Fühlen muss endlich zum salonfähigen Pflichtprogramm werden – in Wohnzimmern, Chefetagen und Regierungen.

Es wird Zeit, dass wir wieder verletzlich werden und uns berühren lassen von dem, was um uns herum passiert und was unser Handeln auslöst. Es wird Zeit, dass wir unsere Wut über die Zerstörung fühlen, uns empören und laut und hörbar »Nein« sagen. Dass wir die Kraft dieser Wut bewusst und verantwortlich dafür nutzen, um klar zu sein und zu bleiben, um uns nicht mehr emotional manipulieren zu lassen und um es nicht mehr zuzulassen, dass die Interessen und die Gier Einzelner über dem Gemeinwohl oder dem Erhalt des Ökosystems stehen.

Es wird Zeit, dass unsere Herzen brechen vor Traurigkeit, angesichts der Bilder von plastiküberschwemmten Ozeanen, brennenden Regenwäldern, zerbombten Städten und ausgestorbenen Tierarten. Dass wir die Kraft dieser Traurigkeit bewusst und verantwortlich dafür nutzen, um uns zu verbinden und gemeinsame Sache zu machen, anstatt Kriege um Macht und Ressourcen zu führen, in der irrigen Annahme, dass wir getrennt voneinander und getrennt von der Natur überleben könnten. Um demütig zu werden und Abschied zu nehmen und loszulassen, von unseren lieb gewonnenen Gewohnheiten und von der Illusion von unendlichem Wachstum, auf der unsere moderne Wirtschaft basiert und die sich als so zerstörerisch und selbstmörderisch herausgestellt hat.

Es wird Zeit, dass wir die Angst und Ungewissheit fühlen, ob wir und unsere Kinder und Kindeskinder in zehn, zwanzig oder fünfzig Jahren noch eine intakte Natur vorfinden werden, die geeignet ist, um als Lebensgrundlage zu dienen. Dass wir die Kraft dieser Angst bewusst und verantwortlich dafür nutzen, kreativ und innovativ zu werden und den unendlichen Raum des Nichtwissens zu betreten, um gemeinsam Lösungen zu finden, die jenseits dessen liegen, was wir bisher für möglich halten. Dass wir wach sind, aufmerksam und präsent und nicht automatisch den einfachen Weg wählen oder uns immer wieder einschläfern lassen von unserer Gewohnheit oder unserer Sucht nach vermeintlicher Sicherheit.

Es wird Zeit, dass wir uns unsterblich in diesen Planeten verlieben und dass die Freude über so viel Schönheit uns zu Tränen rührt, damit wir anfangen, alles dafür zu tun, dass diese Schönheit und Vielfalt erhalten bleibt – unsere eigene Spezies eingeschlossen. Dass wir die Kraft dieser Freude bewusst und verantwortlich dafür nutzen, um unsere Ressourcen und Talente miteinander zu teilen und neue Spiele zu erfinden, bei denen es keine Verlierer gibt, sondern Gewinnen für alle geschieht. Denn im Grunde geht es nicht darum, den Planeten zu retten. Das wäre überhebliche Retter-Angst in Aktion. Der Planet kümmert sich um sich selbst. Es geht um unser eigenes Überleben und das vieler weiterer vom Aussterben bedrohter Arten. Es geht um Bewusstheit und Verantwortung und um die Erfindung einer zukunftsfähigeren Art des Zusammenlebens.

Es wird Zeit, dass wir unsere Herzen entzünden und zu Kraftwerken verwandeln und dass wir die dadurch erzeugte Energie dafür nutzen, in verantwortliches und beherztes Handeln zu kommen. Unsere Herzen, wenn sie wieder fühlen dürften, würden dafür sorgen, dass wir wieder zur Vernunft kommen. Wir wären dann in der Lage, die Kraft und Information unserer Gefühle dafür zu nutzen, gemeinsam herauszufinden, wie wir diese zukunftsfähige Form des Zusammenlebens erschaffen, von der auch nachfolgende Generationen noch lange profitieren – durch eine partnerschaftliche Kooperation von Gefühl und Verstand.

Das ist meine Vision und mein Traum für unsere Zukunft. Danke, dass du ein Teil davon bist und bereit, deinen Gefühlen den dafür vorgesehenen Platz auf Augenhöhe mit deinem Verstand einzuräumen. Ich wünsche dir dabei viel Erfolg!

Herzlichst

deine

Patrizia Patz

Anhang

Die Vier-Körper-Matrix

	Physisch	**Intellektuell**
Besteht aus/ entspricht	Muskeln, Knochen, Haut, Organe, …	Verstand, Intellekt
Funktionen	Empfindungen, Sinneswahrnehmungen, Organfunktionen, Bewegung, Stoffwechsel, …	Gedanken, Ideen, Meinungen, Lösungen, Rechnen, sich erinnern, Schlüsse ziehen, …
Zentrum	Hüfte zwischen den Beckenknochen, auf der Höhe der Gürtelschnalle	Kopf
Nahrung	Essen, trinken, Berührung, Schlaf, Bewegung, …	Wissen, Unterscheidungen, lesen, fernsehen, Computerspiele, Sprachen lernen, diskutieren, nachdenken, Logik, Linearität, …
Schmerz	Physische Verletzungen (zum Beispiel Rückenschmerzen), Hunger, Durst, Müdigkeit, …	Verwirrt sein, nicht auf die Lösung kommen, keine Idee haben, etwas nicht verstehen, sich nicht erinnern, …
Ekstase	Genuss, physische Höchstleistungen, physische Nähe, Orgasmus, etwas bauen, anbauen, ernten, …	Probleme/Rätsel lösen, Schlüsse ziehen, etwas finden/erfinden, Ideen haben, …
Intimität	Kuscheln, Sex, zusammen kochen, zusammen Auto fahren, zusammen gärtnern, zusammen Sport machen, gegenseitig massieren, Körperpflege, spazieren gehen, …	Gemeinsam ein Projekt durchführen, diskutieren, gemeinsam Lösungen finden, philosophieren, gemeinsam fernsehen, zusammen spielen …
Training	Bewegung, etwas mit den Händen machen, Sport treiben, …	Lernen, lesen, Rätsel, Logik, Problemlösung, nachdenken, spielen, Sprachen lernen, …
Sprache	Bewegung, Hunger, Durst, physischer Schmerz, physische Erkrankung, …	Worte, Sprache des Verstands, …

	Emotional	**Energetisch**
Besteht aus/ entspricht	Fühlendes Herz	Sein, Seele, Essenz
Funktionen	Gefühle	Präsenz, Absicht, Bewusstsein, Ausstrahlung, Charisma, Bestimmung, Energie, Intuition, …
Zentrum	Herz(-Chakra)	Beweglich, dort wo gerade die Aufmerksamkeit liegt
Nahrung	Intimität, Nähe, Gefühle teilen, Freundschaft, Gemeinschaft, Herz-zu-Herz-Verbindung, lieben und geliebt werden, …	Meditation, Integrität, spirituelle Praxis, Berufung leben, im Dienst von etwas Größerem sein, Sinnhaftigkeit, …
Schmerz	Ausgrenzung, Verlust, Liebeskummer, nicht gehört werden, bedauern, befürchten, …	Fehlender Sinn, fehlende Angebundenheit, Zerrissenheit, Ziellosigkeit, …
Ekstase	Gefühle teilen, Gemeinschaft, angenommen sein, berührt oder gerührt sein, Wertschätzung, Gefühle nutzen …	Einfach *sein*, Bestimmung leben, Sinnhaftigkeit erleben, Zentrierung, der Vision folgen, …
Intimität	Über Gefühle sprechen, Gefühle ausdrücken, tiefgehende Gespräche, Augenkontakt, authentisches begegnen, …	Erkennende Begegnung, gemeinsam sein, gemeinsam meditieren oder eine spirituelle Praxis durchführen, das Sein wahrnehmen und wahrgenommen werden, …
Training	Gefühlstraining, Wutarbeit, »Ich fühle mich …«, Geschichten/Filme, die Gefühle auslösen, …	Zentrierungsübungen, Meditation, Spirituelle Praxis, Thai Chi, Yoga, …
Sprache	Körpersprache, Worte, Sprache des Herzens, Tränen, …	Ausstrahlung, Charisma, Energie, ohne Worte, Frequenz, …

Adressen von Trainern, Coaches, Heilpraktikern und Therapeuten, die die im Buch beschriebene bewusste Gefühlsarbeit anbieten:

Patrizia Patz | www.patriziapatz.dee, post@patriziapatz.de, Raum München/Ammersee/Bayern/Deutschland

Weitere

Christine Dürschner | www.christineduerschner.net, kontakt@christineduerschner.net, Raum Steckborn/Bodensee/Ost-Schweiz

Cornelius Butz | www.intensivcoach.de, info@intensivcoach.de, Raum Darmstadt/Hessen/Deutschland

Dagmar Thürnagel | www.feelingspractitioner.com, www.aufbruch-trainings.de, dagmar@aufbruch-trainings.de, Raum München/Bayern/Deutschland

Eva Daubert | www.evadaubert.de, evadaubert@posteo.de, Raum Freiburg/Deutschland

Georg Pollitt | www.harbigarr.ch, georg@harbigarr.ch, Raum Zürich/Schweiz

Jördis Tielsch | Jtielsch@gmx.ch, Raum Basel/Schweiz

Katharina Kaifler | www.feelingspractitioner.com, www.kaifler.com, katharina@kaifler.com, Raum Zürich/Schweiz

Lisa Ommert | www.lisaommert.com, info@lisaommert.com, Raum Süddeutschland/nomadisch

Dr. Marietta Schürholz | www.mutmacherei.org, kontakt@mutmacherei.org, Raum Wackersberg/Bayern/Deutschland

Martina Unger | www.martinaunger.com, welcome@martinaunger.com, Raum Krems/Österreich

Michael Hallinger | www.feelingspractitioner.com, www.aufbruch-trainings.de, michael@aufbruch-trainings.de, Raum München/Bayern/Deutschland

Michael Pörtner | www.michaelpoertner.com, welcome@michaelpoertner.com, Raum Bielefeld/Nordrhein-Westfalen/Deutschland

Michaela Kaiser | www.feelingspractitioner.com, info@michaelakaiser.de, Raum Bielefeld/Nordrhein-Westfalen/Deutschland

Naomi Sara Rhomberg | www.raumfuerdeinsein.ch, hallo@raumfuerdeinsein.ch, Raum Winterthur/Schweiz

Nicola Neumann-Mangoldt | www.viva-essenza.com, nicola@viva-essenza.com, Raum Augsburg/Donauwörth/Bayern/Deutschland

Nicole Nette | www.nicole-nette.ch, info@nicole-nette.ch, Schloss Glarisegg/Bodensee/Schweiz

Sandra Mathes | www.lotusbluete.live, sandra@lotusbluete.live, Raum Untersiggenthal/Schweiz

Sonia Willaredt | www.cometolife-trainings.org, s.willaredt@t-online.de, Raum Mühldorf am Inn/Bayern/Deutschland

Sophia Wegele | www.sophiawegele.org, Sophia.wegele@posteo.de, 87487 Wiggensbach

Stefan Bukacek | www.gfk-trainer.de/stefan, stefan@gfk-trainer.de, Raum Düsseldorf/Deutschland

Tanja Rhein | tanjarhein@posteo.de, Raum Efringen-Kirchen/Deutschland (schweiz-französische Grenze)

Tatjana | www.authentischkraftvoll.de, Telegram-Kanal: @GefühlsKlang

Literaturliste

Aderkas, Friederike, (2021): Wutkraft. Energie gewinnen. Beziehungen beleben. Grenzen setzen, Beltz Verlag.

Berne, Eric (2002): Spiele der Erwachsenen. Psychologie der menschlichen Beziehungen. Rowolt, Reinbek.

Brown, Brené (2017): Verletzlichkeit macht stark. Wie wir unsere Schutzmechanismen aufgeben und innerlich reich werden. Goldmann, München.

Brown, Brené (2010): The power of vulnerability. TED Talk, www.ted.com/talks/brene_brown_on_vulnerability, abgerufen am 12. September 2019.

Callahan, Clinton (2016): Die Kraft des bewussten Fühlens. Ein Handbuch, um näher an Ihrer eigenen Wahrheit zu leben. Next Culture Press, Hamburg.

Karpman, Dr. Stephen (2015): A game free life. www.karpmandramatriangle.com, abgerufen am 12. September 2019

Kübler-Ross, Elisabeth und Kessler, David (2006): Dem Leben neu vertrauen: Den Sinn des Trauerns durch fünf Stadien des Verlustes finden. Kreuz Verlag, Stuttgart.

Patz, Patrizia (2021): Ich mach mein Ding. Wie du Beruf und Berufung vereinst. BusinessVillage, Göttingen.

Sheldrake, Rupert (2009): Das schöpferische Universum: Die Theorie des Morphogenetischen Feldes. Ullstein, Berlin.

Ich mach mein Ding

Patrizia Patz
Ich mach mein Ding
Wie du Beruf und Berufung vereinst
1. Auflage 2021

255 Seiten; Broschur; 19,95 Euro
ISBN 978-3-86980-599-3; Art.-Nr.: 1120

Wir wurden in einer Gesellschaft konditioniert, in der Arbeit in erster Linie Überleben sichert und Status verleiht. Berufung ist in der gegenwärtigen Arbeitswelt kein wirklicher Aspekt, über den es sich nachzudenken lohnt. Und selbst dann, wenn wir Klarheit darüber haben, wofür wir brennen, was wir wirklich tun wollen, verharren die meisten Berufungssuchenden im bewährten Modell.

Warum tauschen wir so freimütig die scheinbare Sicherheit gegen Freiheit und Erfüllung? Warum ist uns der Mut abhandengekommen?

Antworten liefert Patrizia Patz' Buch. Es lotet die Machbarkeit zwischen Wunsch und Wirklichkeit aus und liefert attraktive Möglichkeiten, unserer Passion und unseren Talenten auf die Spur zu kommen und ein gutes Leben zu verwirklichen – mit einem Beruf, der auch die Rechnungen bezahlt. Damit das gelingt, brauchen wir eine neue Art zu denken und ein wenig Mut, den vorgezeichneten Mainstream-Berufsweg zu verlassen und die eigene Komfortzone zu erweitern.

Die ersten Schritte sind dabei ganz einfach: Verschaffe dir Klarheit über das, was du gerne tust und wofür du brennst. Befreie dich von Erwartungen, denen du entsprechen solltest. Fasse Mut und vertraue auf die Schöpferkraft, die in dir schlummert.

www.BusinessVillage.de

Resilienz

Denis Mourlane
Resilienz
Die unentdeckte Fähigkeit der wirklich Erfolgreichen
10. Auflage 2019

226 Seiten; Broschur; 24,80 Euro
ISBN 978-3-86980-249-7; Art.-Nr.: 940

Erfolgreiche Menschen haben eine Eigenschaft, die sie von anderen unterscheidet und doch sofort wahrnehmbar ist: Gelassenheit. Sie meistern schwierige Situationen scheinbar mit Leichtigkeit, persönliche Angriffe prallen an ihnen ab und selbst unter hohem Druck büßen sie ihre Leistungsfähigkeit nicht ein.

Was machen diese Menschen anders? Sie beherrschen die Gelassenheit im Umgang mit sich, mit ihren Mitmenschen und mit den Herausforderungen, die das Leben und ihre tägliche Arbeit für sie bereithalten. Eine Eigenschaft, nach der sich immer mehr Menschen sehnen und die in der heutigen Zeit immer bedeutender wird. Resiliente Menschen verbinden diese Fähigkeit mit einer erstaunlichen Zielorientierung, Konsequenz und Disziplin in ihrem Handeln und erreichen dadurch etwas, was sie von vielen anderen unterscheidet: persönlichen Erfolg UND ein sehr großes Wohlbefinden.

In einer der wahrscheinlich spannendsten Reisen, der Reise zu Ihrem eigenen Leben, bringt Ihnen Dr. Denis Mourlane das Konzept der Resilienz näher und zeigt Ihnen, wie Sie es in Ihren Alltag integrieren.

www.BusinessVillage.de